立正大学法学部教授
山口道昭

政策法務入門

＊ 分権時代の自治体法務 ＊

信山社政策法学ライブラリ
5
SHINZANSHA LAW & POLICY LIBRARY

信 山 社

はしがき

二〇〇〇年四月の地方分権一括法の施行をはじめ、その後重要な法律改正が相次いでいる。二〇世紀末から二一世紀初頭にかけては、「改革の時代」であるのだろう。そして、この改革は、国の法制度の改革であるのと同時に、自治体の法制度の改革でもある。これらふたつの改革をつなぐものが地方分権にほかならない。

このような改革を受けて、「政策法務」が盛んに叫ばれるようになった。政策法務を実務として担うと考えられる自治体では、職員研修のプログラムに政策法務研修を組むところが急増しているように感じられる。また、大学や大学院でのカリキュラムにも、こういった講座が多く取り入れられるようになってきた。

筆者に対しても、これらから講師を頼まれる機会が増えている。そして、このような機会に聞く話に、入門的テキストの要望がある。

もちろん、いくつかの参考書は紹介しているが、それらが政策法務に関する入門書としてピッタリのものかといえば、ややズレがあるように感じられる。参考書としては適当であっても、教科書となるとしっくりいかないのである。そこで、本書は、これらの要望に応えるべく企図したものである。もとより、政策法務の課題全般を広く掘り下げての検討は、ページ数の関係で無理であった。そこで、本書では、必要最小限度の課題の設定にとどめ、政策法務的ものの見方を提供している。しかし、むしろ、入門書としては、この程度が適当ではないかと考えるところである。

具体的にいえば、本書は、二〇〇一年度後期に行った専修大学大学院の講義の構成を参考にしている。一方、過去、雑誌に書いてきたものを再構成して再録したものも多い。ただし、雑誌ではページ数の制約が強かったが、この再録に際しては、このような制約がないため、雑誌では省略のためわかりにくかった部分について補足し、また、場合によっては本書のテーマに合わせて加除修正を行った。また、これらの作業で不十分な分野に関しては、書き下ろしもある。

本書の構成は次のようなものである。

第1章は、政策法務総論で政策法務の射程範囲について扱っている。基本的には、プラン（Plan）・ドュー（Do）・シィー（See）の行政執行過程によっている。第2章は、政策法務にかかる自治体職員・組織論、第3章から第6章は立法法務論である。このうち、第3章および第4章が総論としての条例・要綱論、第5章および第6章は条例の具体例を基にしての解題とした。第7章は執行法務論であり、争訟法務にも関連している。第8章は、評価法務論。そして、最後の第9章は、これまでの行政作用的対象のとらえ方から目を転じ、行政組織法に注目した。これまでほとんど論じられていない領域に関して試論を展開したものである。

本書は、入門書という性格から、脚注はつけていない。これまでに発表した論文で脚注としていたものも含めて、本文にかっこ書きで必要最低限を組み込んだ。

既出の文章の転載にあたっては、関係各社・各位に、格別のご配慮を賜った。謝意を表する次第である。本書をたたき台に政策法務論がいっそう活発に議論されるようになることを願う。

○　初出一覧
第1章　政策法務の意義と内容（書き下ろし）
第2章　分権時代の政策法務（月刊自治研四八七号、二〇〇〇年）
第3章　分権時代の条例づくり（地方自治職員研修四五六号、二〇〇〇年）
第4章　自治体行政の特質と条例の多様化（自治総研二六八号、二〇〇一年）
第5章　自治基本条例——自治体法の体系化（[原題] 自治基本条例の変遷）（ガバナンス二号、二〇〇一年）
第6章　パブリック・コメント条例——行政コントロール条例（[原題] 横須賀市パブリック・コメント条例）（ガバナンス八号、二〇〇一年）
第7章　行政執行と争訟法務（[原題] 地域司法計画に期待すること）（月刊司法改革二一号、二〇〇一年）
第8章　「政策評価」の政治学（地域政策——あすの三重二号、二〇〇一年）
第9章　行政組織法に関する政策法務の課題（書き下ろし）

二〇〇二年四月

新緑の熊谷キャンパス研究室にて

山口　道昭

第1章　政策法務の意義と内容

1　政策法務とは何か

「政策法務」とは、一体どのようなものだろうか。もとよりこの概念の生成に長い歴史があるものではない。したがって、まだ、定説はない。似た用語として「自治体法務」や「政策法学」があり、これらの関係も問題になりうる。

ただ、だからといって、これから論を進めるに当たってなにがしかの定義をしておかないと、内容が散漫になってしまうおそれがある。そこで、筆者なりに一応の定義をすることにする。もっとも、「政策法務」は、生成途上にある概念であり、今後の発展のためには、この時点で小さな枠付けをすべきでないとも考えられる。むしろ、従来の「法務」的思考法を組み替える発想こそが「政策法務」の本質かもしれない。この意味からは、政策法務は、阿部泰隆教授のいう「日本列島法改造論」（『行政法学の基本指針』はしがき·i頁、『行政の法システム（上）（下）〔新版〕』新版はしがき·i頁）に連なるものである。

とはいえ、このような大がかりな議論はここではしない。ここでは、このような発展の可能性のある概念であるということを留保しつつ、現時点での定義を試みよう。

まず、この手がかりとして、政策法務論を早くから提唱してきた松下圭一教授の定義を検討する。松下教授は、「政策法務とは、自治体、国、国際機構いずれの政府レベルも含めて、政策開発の『法制化』という、立法ないし法運用の転換を意味します」としている（『自治体は変わるか』一〇五頁）。この定義の最大の特徴は、自治体であっても、法政策の主体になることができるという点にある。キャッチ・フレーズ風にいえば、自治体による「国法の執行から政策法務へ」となる（同一〇六頁以下。特に、一〇八～一〇九頁参照）。

次に、これまで神奈川県庁に勤めていた礒崎初仁教授は、政策法務を定義し、「法を政策実現の手段としてとらえ、そのためにどのような立法や法執行が求められるかを検討しようとする、実務および理論における取組み」としている（『分権時代の政策法務』五頁）。ただし、このような活動を担う場および主体について補足すれば、「自治体において」「主として自治体職員が」ということになろう。

第一の、場としての「自治体」に関しては、国との比較に基づくものである。国においても（自治体の）政策法務と同様の活動が行われているが、このような活動は従前から当然のこととして行われてきたため、あえて「政策法務」などと定義する必要はなかったものと考えられる（もっとも、国のこのような活動が十分なレベルにあるものかどうかについては、議論の余地があろう）。したがって、近年、地方分権の進展を機に述べられてきた「政策法務」とは、たとえ「自治体の」という形容詞が省略されていても、自治体におけるものと考えてよい（木佐茂男「自治体法務と政策法務」判例地方自治一四五号（一九九六年）八八頁も同旨）。

もっとも、実務ではなく、研究・提言の対象として政策法務をとらえる場合には、自治体の政策法務と国のそれをことさらに区別する必要はない。阿部教授の政策法務（政策法学）論は、このような観点に立ち、国の法律に関しても立法論の観点から積極的に提言している。

第二の、主体としての「主として自治体職員」に関しては、自治体議員や住民をどのように考えるかによるものである。「法を政策実現の手段としてとらえ、そのためにどのような立法や法執行が求められるかを検討」することは、自治体職員に限らず誰にでも可能である。しかし、このことに関して実務として取り組むとなると、この主体は制限される。自治体議員もまた実務を担うといえないこともないが、「実務」とは「実際の作業」と解すれば、議員の行う職務とはやや距離があるように思われる。もちろん、議員が議員立法のような形で、ここでいうところの政策法務に携わることもあるが、現実にはそれほど数が多いものではない。したがって、ここでは、「実際の作業」に携わる自治体職員が政策法務の主たる担い手であるとしたものである。なお、もちろん、自治体職員のこのような作業は単独で行われる必要はなく、研究者の手を借り、また、共同で行われるケースも多い。このような意味では、研究者もまた政策法務の担い手になろう。

一方、この点に関しても、実務からやや距離を置き、観察者の立場からあるべき政策とその法制度の設計を研究するという方法もある。このときの政策法務の担い手は、主として研究者ということになろう。

第三の、「実務および理論」に関しては、これまでに述べたところが当てはまる。すなわち、実務志向であれば、それは、「自治体の、自治体職員による」政策法務になりやすいが、これに対して、理論志向であれば、「国および自治体の、研究者による」政策法務になりやすい。もちろん、これらの志向は、程度の差にすぎないものともいえる。実務と理論が交錯し絡み合うことで、政策法務論は、これまで発展してきたし、今後もまた、いっそうの深化が期待されるのである。

さらに、自治体の政策法務とは、自治体が法令に違反しない行為を行うにとどまらず、地域にとって最適な行政を創造し（＝立法法務）、また、執行する行為（＝執行法務）を実践・支援する、実務および理論における取組である。木佐茂男編著『自治体法務入門〔第二版〕』二八三頁の述べる「自治体が、すでにある法体系をもとに、より地域の行政ニーズに即した自主的な法システムを積極的に設計・運用すること」といった定義も、同様の内容を表しているものと思われる。また、北村喜宣教授による政策法務の定義「地方自治の本旨の実現のために、住民の福祉向上の観点から、何らかの対応が必要と考えられる政策を、憲法をはじめとする関係法体系のもとで、いかに合理的に制度化・条例化するか、適法・効果的に運用するかに関する思考と実践」（「今かく汗は誰のため？――自治体法務能力アップ戦略」『政策研究』八号二〇頁）も、同様の内容を含んでいるものと思われる。

「違法ではない」行為の範囲は比較的に広く、この限りで行政裁量が生じるが、「最適な行政」には裁量の幅が小さい。したがって、自治体の政策法務は、条例制定などを手段とし、法の規律密度を上げる方向に働きやすい。そこで、従来、法の対象にされてこなかった行政評価などに関しても、政策法務は考察の対象にすることになる（＝評価法務）。

なお、行政統制という観点から法の規律密度を上げるに際しては、議会や住民（市民）の参加が欠かせない。したがって、政策法務論は、立法過程論、執行過程論などのように、議会、行政の動態にも着目する。成立した法律や条例の解釈に偏りがちだった従来の法律論に比較し、ダイナミクスを重視することで、行政学の知見を多く取り入れている。それとともに、住民（市民）の参加という観点からは、政治学的な考察も重要である。

そして、これら自治体の実務は、住民との間で十分な情報の共有を促し、住民参加の下に企画・執行されるべきであり、このための基盤として、国との関係において自治体の自治領域がいっそう拡大されるべきである。このような自治体の住民自治的政策自立論と政策法務論は結びついており、この側面からは、政策法務論は、地方分権を求める運動の道具概念でもあるといえるのである。

さて、そこで、これまでの検討から、（自治体の）政策法務を筆者なりに定義しておこう。

それは、「（自治体の）政策法務とは、法を政策実現の手段としてとらえ、そのためにどのような立法や法執行・評価が求められるかを検討しようとする、自治体において主として自治体職員が行う実務および理論における取組および運動である。」というものである。

2　政策法務の内容

それでは、政策法務とはどのような内容で構成されているのだろうか。ここでは、その範囲を広げ、国の政策法務もまた「政策法務」のうちに取り込んで整理してみよう（「広義の政策法務」：［図表1－1］）。

第一に、検討の対象は、行政活動における法務に限定する（「行政法務」）。先に述べた政策法務の主体論にも関係するが、議会（国会、自治体議会）で担う立法活動は除外して考えることに

図表1－1　自治体法務の内容

<table>
<tr><td rowspan="12">行政法務</td><td rowspan="6">自治体法務</td><td rowspan="5">自治体の政策法務</td><td>立法指針</td><td>条例案整備方針の策定</td></tr>
<tr><td>自治立法</td><td>条例案の作成
長等の規則の制定</td></tr>
<tr><td>自治解釈</td><td>法律解釈（条例案等立案時、行政執行時）
条例解釈</td></tr>
<tr><td>係争処理</td><td>国地方係争処理委員会における係争
自治紛争処理委員における係争</td></tr>
<tr><td>評価・訴訟法務</td><td>立法評価・執行評価
住民との訴訟
国や他の自治体との訴訟</td></tr>
<tr><td>プラスα</td><td>日常の法務的事務処理の充実</td><td>窓口対応
マニュアル作成</td></tr>
<tr><td rowspan="6">省庁の法務</td><td rowspan="5">省庁の政策法務</td><td>立法指針</td><td>立法原理</td></tr>
<tr><td>立法</td><td>法律案・政令案・省令等・法律に基づく告示・法定受託事務の処理基準等の作成</td></tr>
<tr><td>解釈</td><td>法律解釈
自治体への関与</td></tr>
<tr><td>係争処理</td><td>国地方係争処理委員会における係争</td></tr>
<tr><td>評価・訴訟法務</td><td>立法評価・執行評価
国民との訴訟
自治体との訴訟</td></tr>
<tr><td>プラスα</td><td>日常の法務的事務処理の充実</td><td>窓口対応
マニュアル作成</td></tr>
</table>

出典：木佐茂男「自治体法務と政策法務」判例地方自治145号（1996年）87頁の図をヒントに作成

する。また、裁判所の担う司法活動も同様に除外する。

第二に、「行政法務」は「自治体法務」と「省庁の法務」に分けることができる。そして、このふたつの法務は、それぞれの政策法務（「狭義の政策法務」）と「プラスα」で構成される。「プラスα」とは、日常の法務的事務処理の充実に関するものであり、具体的には、住民等との窓口対応や事務処理のマニュアル作成などである。また、省庁の法務は、既存の法律を改正することができる（正確には、改正案を作成することができる）のに対し、自治体法務は、法律を自主的に解釈することができるにとどまり、法令の範囲内という枠組みに限定されることに大きな相違がある。

第三に、「（自治体の）政策法務」は、①立法指針、②自治立法、③自治解釈、④係争処理、⑤評価・訴訟法務の五つの分野で構成される。このうち、自治立法、自治解釈および訴訟法務が政策法務の内容をなすことに異論はない。また、係争処理に関しても、新地方自治法（一九九九年改正法）に基づく新たな制度であるため、政策法務の内容に付け加えることに異論はないであろう。さらに、評価法務に関しても、行政機関政策評価法（行政機関が行う政策の評価に関する法律）がすでに施行されており、今日では、政策法務のひとつの内容を構成することに異論は少ないものと思われる。

一方、立法指針に関しては、これを唱えるのは筆者のほかにいないようである。政策法務論の主要な論点が立法論（条例論）であるならば、条例案の整備方針というものがあるべきではないかとの考えから、筆者は、これを政策法務の内容のひとつにしている（「条例制定における市町村の対応―条例案整備方針をめぐって」『地方分権／条例制定の要点』七一頁以下、特に八〇～八二頁参照。また、この条例案整備方針を含む内容を「地方分権推進条例」に盛り込むべきとした「条例による行政への転換」『地方分権の本流へ』一九八頁以下がある）。そして、埼玉県（「条例の活用に関する基本的指針」二〇〇二年一月）や川崎市（「地方分権推進指針」二〇〇二年三月）など一部の自治体では、すでに「指針」という形で、政策の条例化に関する考え方が示されるまでになってきている。

なお、論者によっては、総合計画を政策法務の内容のひとつにしていることを付け加えておく（岡田行雄『政策法務と自治体』一三〜一四頁および市町村シンポジウム実行委員会編『ガバメントからガバナンスへ』一〇五頁〔天野巡一発言〕は、自治体の総合計画を最高規範と位置づけ、この展開として政策法務が現れるとしている。天野「自治体法務の手法開発」『政策』五五頁も同旨）。

3 「政策」に対する政策法務のアプローチ

政策法務が政策を扱う以上、このアプローチは、法律論だけではない。従来の学問としては、政策科学、法と経済学、政治学、財政学、行政学、公共経済学、都市計画学などが参考になるとされている（阿部泰隆『行政法学の基本指針』三頁）。

そして、政策法務と政策とのかかわり合いは、①政策を立案するに際し、法務的視点を提供すること（クリエイト型政策法務）と、②政策を整序するに際して、法務的視点を提供すること（アレンジ型政策法務）、の二つが考えられる。従来、自治体で行われていたのは後者のアレンジ型政策法務であり、その純粋な形が法制執務であったと考えられる。これに対し、今日強くいわれている政策法務は、前者のクリエイト型政策法務であり、「法務→政策」といった流れになる。「政策」との関係において「法務」がこのような位置にあるからこそ、前述のような諸学問と同列に並べることが可能になる。このようなアプローチの違いによって、政策法務を分類することも可能である。

また、行政法の分類として、作用法、救済法、組織法というものがある。これらに対応して、作用法的政策法

図表1－2　児童扶養手当の給付水準（母と子ども1人の世帯）

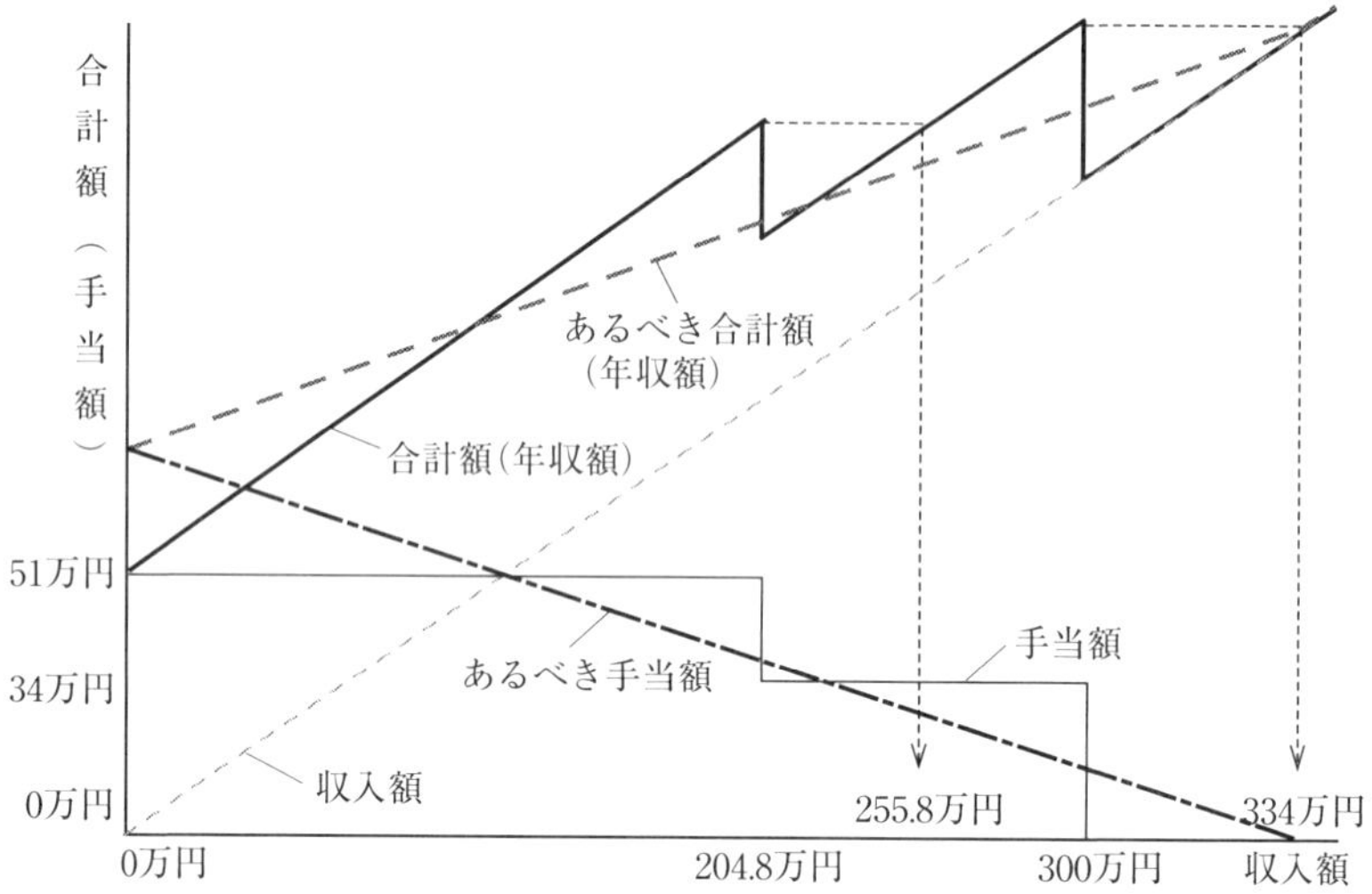

務、救済法的政策法務、組織法的政策法務といったものも考えることができる。「2」で述べた政策法務の内容は、時系列に則した作用法的政策法務および救済法的政策法務であり、組織法的政策法務を欠いている。これまで行政の内部行為とされてきた会計科目の詳細（執行科目）を定めることや文書管理なども、間接的ながらも住民（国民）の権利義務にかかわるものであり、「法」として位置づけるべく検討を進めることが求められよう（内部外部融合論）。したがって、組織法的政策法務についても、今後精力的な研究が必要であるといえる。

　さて、政策へのアプローチとして、法律以外の学問が参考になると述べたが、この例として経済学を取り上げる。政策領域には、規制行政、資金交付行政、建設管理行政、施設運営行政などがあるが、ここでは資金交付行政について検討する。

　低所得の母子家庭には児童扶養手当が支給されるが、所得制限による支給の全部停止・一部停止の取扱いによって、手当と収入の合計額には逆転現象が生じている。つまり、働いて収入が増えると、手当と収入の合計額が減少する場合がある（図表1―2）。すなわち、手当の一部停止、全部停止になる所得制限額を超えたところでは、手当額との関係で、収入額二〇四・八万円以上二五五・八万円未満および三〇〇万円以上三三四万円未満の者のほうが、それぞれ収入額二〇四・八万円未満および三〇〇万円未満の者より合計額が少なくなっている。

このような逆転現象を回避し、限られた資源を公平に分配するための立法について検討することが必要である（阿部『政策法学と自治条例』一五五～一五六頁もこの点について指摘している。なお、この点に関しては、国においても検討が進んでいるようであるが、手当支給額の段階を増やすにとどまり、抜本的な改正にはならないようである。二〇〇一年一一月一九日付け朝日新聞朝刊参照）。そして、自治体政策法務に関して付け加えるならば、国の手当等の支給状況に連動して自治体単独の上乗せをしていないか、といったチェックが求められる。自治体における手当支給は、逆転現象を解消または緩和することに資することが必要であり、逆転現象を促進するものであってはならない。たとえば、生活保護世帯に対して、慰問金等の手当を支給し、税や水道料金等の減免をするのではなく、むしろぎりぎりで生活保護を受けられなかった世帯に対して、これらの措置をとることが望ましい。しかし、現実には、逆転現象を促進する自治体施策が数多く存在しているものと思われる。

4 「政策」と「法務」の関係

(1) 政策法務論の生成

ところで、自治体の政策法務は戦略的な概念である、といわれることがある。この意味するところは、自治体が政策的に自立を志す過程で政策法務的発想が根づいていった、という沿革に由来するものである。このような事例をふたつほどあげてみよう。

第一は、公害規制に関する事例である。

一九六〇年代には日本の経済は急成長したが、一方、これには多くの自然環境の破壊が伴っていた。公害は地域的な事情を反映してさまざまな様相を呈していた。多くの自治体は、当時の法律では規制が十分ではないとの認識から公害防止条例を制定していったが、政策法務的な観点から最も重要な条例は、東京都公害防止条例（一九六九年）である。東京都条例は、公害概念を拡大し、規制対象の拡大（横だし規制）と規制対象の強化（上乗せ規制）などを定めたが、これが、従来の法律先占論に違反するのではないかということが議論になった。結果的には、国の法律改正がなされるなどのなかで、また、世論の支持を受け、東京都条例の適法性が確認されていったものであり、自治体政策主導型の理論形成がなされた例といえる。

第二は、宅地・マンション等開発規制に関する事例である。

高度経済成長は、公害のほかにも、都市のスプロール現象といわれる郊外部の乱開発を引き起こした。大規模団地（マンション）の建設は、保育施設、小・中学校、上・下水道の整備など自治体の財政負担を大きく伴うため、自治体では、これら開発のコントロールをめざした。しかし、都市計画法による開発許可制度は、大都市特例によって一部の市長には事務処理権限が与えられていたものの、そもそも都道府県知事の処理する事務とされていたため、多くの市町村ではこれを活用できなかった。また、権限を行使可能な自治体の長にしても、この事務は機関委任事務であったため、自治体の裁量の余地は非常に制限されていた。

そこで、自治体は、開発許可制度とは別に、独自の要綱行政を展開した。先駆的な例として、まず、面的な規制では、川崎市団地造成基準（いわゆる宅地開発指導要綱：一九六五年）および川西市宅地開発指導要綱（一九六七年）があげられる。また、高さ制限に関するものとしては、武蔵野市宅地開発指導要綱（一九七一年）があげられる。特に、武蔵野市は、武蔵野裁判と呼ばれる一連の訴訟のなかで、政策の必要性と要綱の合法性を訴え続け、本格的な政策法務論提唱の端緒となった（水道法違反刑事事件：最判一九八九・一一・八、損害賠償請求事件：最判一九九二・一二・九等）。

(2) 「政策」と「法務」のバランス

「政策内容の必要性」と「政策手段の合法性」は、政策法務にとっての両輪である。そして、自治体の政策法務にとっては、条例等が「法律の範囲内」で制定されるべきこと（憲法九四）、「法令に違反しない限りにおいて」制定されるべきこと（自治法一四①）といった制約があるところが大きな特徴である。後法（条例）が前法（法律）に優先するのではなく、また、特別法（条例）が一般法（法律）を破るのでもなく、法律の範囲内で条例等は制定されなければならない。そして、このような原則は、何も条例の制定といった自治体の立法行為だけに当てはまるものではなく、行政執行・運用といった行為にも当然ながら妥当する。したがって、自治体では、独自に法律を解釈するといった作業を試みつつも、常に法律の存在を念頭に置く必要がある。

しかしながら、自治体が独自の政策立案を試みるということは、既存の法律の従来の執行では地域事情に的確に対応できないことが原因である。したがって、新たな試みは、どうしても法律との関係で緊張を生むことになる。そこで、バランスの問題にすぎないともいえるが、極端な言い方をすれば、政策志向型の政策法務論と法治志向型の政策法務論とができあがる。そして、これもまた大ざっぱな言い方をすれば、政治学・行政学から入る政策法務論は政策志向型、これに対し、行政法学から入る政策法務論は法治志向型に傾きやすいように思われる。このような傾向に関し、たとえば、人見剛教授（行政法学者）は、松下圭一教授（政治学者）の政策法務論に対して「政策法務論の危険性」を指摘している（小早川光郎編著『地方分権と自治体法務』一三～一四頁）。

こういった志向性に基づき、条例に関する考え方を表にすると［図表1－3］のようになる。

図表1―3「政策法務」に対する志向性からみた条例に関する考え方

	政策志向型	法治志向型
基本姿勢	まずは政策の条例化を考える条例化積極論	条例制定が法令に違反しないかていねいに検証を求める条例化中立論
条例の意義	地域準則・ルール	法律とのバッティングに留意
長と議会の関係	長の規則との関係でも条例の制定範囲が広い	長の規則の専管事項に留意

将来的には、各種争訟の結果、それなりの相場が形成されると思われるが、そのためには政策志向の条例が数多く制定されることが望まれる。このような具体的な事件がない限り、「政策志向型」、「法治志向型」の政策法務論といっても、感覚的なニュアンスの違いにすぎない観念論になろう。一方、裁判で負け続けるような条例が制定されることは、条例論の健全な発展にとって好ましくないとの見方もあることにも注意を要する。

なお、筆者は、「戦略としての政策法務」に注目し、国による法治主義が過度に支配している現状を変革するには自治体の政策法務的活動が活発になされるべきである、といった趣旨を述べたことがある（『自治体実務からみた地方分権と政策法務』一四二～一四三頁）。これは政策法務の運動論的側面に注目したものである。このような考え方によっても、法律解釈によって合法である、といった理由づけのできる政策立案が自治体に求められていることに変わりがない、ということを付け加えておこう。

5　政策法務の新領域

地方分権改革の影響もあり、最近では、政策法務に関する研究にも幅が出てきだした。そのなかには、これまでの研究成果をふまえ、政策法務の内容に関する新たな分類を試みるものもあるので、これについて紹介してみよう。

行政法の若手研究者である岩橋健定助教授は、自治体活動を基礎法務、審査法務、訴訟法務、企画法務および戦略法務の五つの領域に区分している（㈶日本都市センター編『分権型社会における自治体法務』二四〜二六頁）。これら各領域の内容を簡単にまとめると次のようになる。

① 基礎法務　社会に存在する組織として最低限必要な知識を保有しておく活動（公務員研修・講演会など）

② 審査法務　事業本体によって生み出される利益が、不測の事態によって失われないようにする活動（法令審査・行政監察など）

③ 訴訟法務　訴訟が生じた場合に対応する活動（訴訟手続・執行手続・和解交渉など）

④ 企画法務　活動自体が法に密接にかかわることにより法によって自治体の目的（地域的公益増進）が達成される活動（自主条例・負担金・公表制度など）

⑤ 戦略法務　自治体活動の方針自体を形成するような法務活動。自治体独自の目的（地域的公益増進）を形成し、達成するための活動。法の本来の趣旨を乗り越えたり、訴訟等のリスクを覚悟することにもなりえた（要綱行政・総合調整など）

これらは、［図表1―1］（↓九頁）でいうところの「自治体法務」の内容に対応するものと考えられる。岩橋助教授の分類で目新しい部分は、政策法務の内容のうち未分化であった企画法務と戦略法務との間に線を引いたことにある。このうち、筆者は、企画法務と戦略法務、そして、訴訟法務のうち政策として自治体が積極的に取り組むものが（狭義の）政策法務と位置づけている。自治体の「立法指針」策定、自治基本条例の制定、そして、これらを推進するための組織の設置などが戦略法務の内容になるものと考える。「戦略的」であるがゆえに、国等との間で合法性に関する紛争が起こることも予想されるが、このような紛争を法的に処理する仕組みが、国地方係争処理委員会（自治法二五〇の七以下）、自治紛争処理委員（同二五一以下）の設置というようにできあがったのであるから、むしろこれらの活用こそが期待されているといえる。自治体は、しっかりした戦略法務の下、企画法務を着実に実行していくことが分権時代にふさわしいといえる。

＊

さて、次章以下においては、これまでに述べてきた政策法務に関し、条例を中心に置きつつ要綱との比較も交えながら、これらを担う自治体職員・組織、議会、住民といった切り口から検討を進めていくことにしよう。

〔参考文献〕

○阿部泰隆『行政法学の基本指針』（弘文堂、一九九六年）
○阿部泰隆『行政の法システム（上）（下）〔新版〕』（有斐閣、一九九七年）
○阿部泰隆『政策法学と自治条例』（信山社、一九九九年）
○礒崎初仁『分権時代の政策法務』地方自治土曜講座ブックレット三七（北海道町村会、一九九九年）
○宇賀克也編著『地方分権／条例制定の要点』（新日本法規、二〇〇〇年）
○岡田行雄『政策法務と自治体』地方自治土曜講座ブックレット二〇（北海道町村会、一九九八年）
○木佐茂男・五十嵐敬喜・保母武彦編著『地方分権の本流へ』（日本評論社、一九九九年）
○木佐茂男『自治体法務とは何か』地方自治土曜講座ブックレット六（北海道町村会、一九九六年）
○木佐茂男編著『自治体法務入門〔第二版〕』（ぎょうせい、二〇〇〇年）
○木佐茂男編著『自治立法の理論と手法』分権時代の自治体職員三（ぎょうせい、一九九八年）
○群馬県企画部企画課『政策研究』八号（二〇〇二年）
○小早川光郎編著『地方分権と自治体法務』（ぎょうせい、二〇〇〇年）
○㈶日本都市センター編『分権型社会における自治体法務』（二〇〇一年）
○市町村シンポジウム実行委員会編『ガバメントからガバナンスへ』（公人社、二〇〇一年）
○「特集　条例の制定と政策法務」都市問題九一巻七号（二〇〇〇年）所収各論文

○「特集　分権社会と自治体法務」月刊自治フォーラム五〇九号（二〇〇二年）所収各論文
○松下圭一『自治体は変わるか』（岩波新書、一九九九年）
○松下圭一・西尾勝・新藤宗幸編『政策』自治体の構想三（岩波書店、二〇〇二年）
○山口道昭『自治体実務からみた地方分権と政策法務』（ぎょうせい、二〇〇〇年）

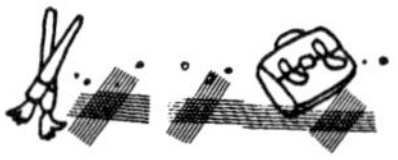

第2章　分権時代の政策法務

1　求められる政策法務

(1)　企画分権の活用

地方分権の方策には、次のふたつがある。第一は事務権限そのものの移譲、そして第二は裁量的事務執行権限の移譲である。第一のタイプの方策を簡単にいうと、国の事務権限を自治体に委ねる・移すことであり、「執行分権」と言い直すことができる。これに対し、第二のタイプの方策は、自治体で執行する事務の範囲を拡大するのではなく、事務の執行方法を自由にするものである。この意味で、「企画分権」と言い直すことができる。

今般の分権改革は、機関委任事務制度の廃止を中心に成果をあげた。すなわち、自治体にとっては、これまでと同様の事務権限の範囲ではあるが、改革後は、その事務を裁量的に執行することを可能にした。執行分権ではなく、企画分権こそが今般の分権改革の成果であった。

執行分権は、自治体にとっては事務が増えることである。これまでしてこなかった事務を（いやでも）しなければならなくなるのであるから、その効果ははっきり出る。執行分権が生じたすべての自治体にとってわかりや

図表２－１　「政策法務」における「政策」と「法務」のイメージ

政策	企画	推進	方向	運動	主観
法務	執行	中立	詳細	管理	客観

すい効果である。これに対し、企画分権の効果はわかりにくい。なにより、その成果の活かし方は自治体の意欲に左右され、意欲のない自治体にとっては何も効果が生じない。自治体による創意工夫が可能になるということは、反面、これまでどおりに事務を行い、創意工夫をしないという選択肢も同時に存在するからである。したがって、企画分権の効果は、すべての自治体に生じるものではない。馬を水辺に連れて行くことは可能であっても、水を飲ませることまではできないのである。

しかしながら、企画分権の効果は、行政だけに生じるものではない。極端には、行政としては従前の事務執行方法で事足れりと考えていたとしても、住民にとってはそれでは不十分であるといった事態が生じる。つまり、企画分権は、行政執行の段階で問題になるだけでなく、企画立案段階でも問題を生じさせる。そして、企画立案とは、行政だけが行うものではなく、住民、議会を含む自治体総体の課題である。そこで、企画立案の方式を住民や議会の観点からも検討することが必要になる。事務事業の根拠の条例化などについても検討しなければならない。

(2)　政策法務とは何か

ある事項を条例で定めるか、それとも規則や要綱などによる行政内部の執行基準とするのかを判断するには、法務的知識・能力が求められる。

自治体の政策法務がどのような事項からなるかに関していくつかの見解があるが、筆者は、次の五つを要素としてあげている。すなわち、立法指針、自治立法、自治解釈、係争処理、そして訴訟法務である。このうち、自治体（＝団体）の意思決定という観点からは、自治立法のうちでも条例の機能が重要になる。

そこで、次に、条例に関する検討に先立って、政策法務の視点から「政策」と「法務」について簡単な整理をしておこう。従来、法務というと、条文の細かな点をいじくり回すテクニック偏重のマニアックな世界の秘技のように感じている者も多いと考えるからである。「良き法律家は悪しき隣人」といった法諺があるが、政策法務は、このような法の非倫理的側面を捨象し、正義の実現に資することを目的にした思考法の上に立つものである。

動態的な「政策」と静態的な「法務」を結びつけたものが政策法務である。ある目的を実現すること（＝政策実現）をめざす戦略的な手段に法務をすえたものといえる。このような政策法務は、①立法基準の設定にかかわる立法戦略、②法令の解釈にかかわる執行戦略、そして、③自治体行政の評価にかかわる評価戦略に分けることができる。いずれの場面においても、まずは、その前提に、自治体として実現したい政策がなければならない。政策法務は、自治体の意欲を形にするツールと位置づけられる。

2　住民自治のツールとしての条例

(1)　地方自治法一四条一項の読み方

近代法治国家成立の時代、法律は、国王の統治権を制限するツールとして機能した。絶対国家における国王の統治権を立法、行政、司法の三権に分解し、立法権、司法権を国民のものにしたのである。このような時代、法律は、国王の行政権から国民の権利を保護する機能を中心に担った。警察国家（消極国家）における法律の役割である。

これに対し、現代国家は、民主主義の理念の下、行政権の行使者もまた国民の代表にした。そして、これと並行して、国家はその活動領域を拡大し、国民の福利増進に積極的にかかわるようになった。その手法は、必ずしも法律の根拠を要さず行政限りの機動的な対応による場合もあるが、いずれにせよ、国家は福祉国家（積極国家）に変わっていった。このような状況のなかで法律の果たす役割をとらえ直す必要がある。

また、これらは国の制定する法律に関する議論であるが、自治体の制定する条例に対しても当然に当てはまる。これら共通の土台に立った上で、法律と条例の相違点などに関し、さらなる検討が求められる。条例は、法令に違反しない限りにおいて定めるものであるけれども、このような制約のうちで、少なくとも住民（国民）に義務を課しまたは権利を制限する手法としては、自治体における条例と長の規則等との関係は、国の法律と政令等との関係と同様である（自治法一四②、内閣法一一、国家行政組織法一二③）。

このような観点から自治法による条例制定権を検討すると、一四条二項は、義務的条例事項を定めたものであり、近代法治主義による権利保護のモーメント（契機）に基づく規定ということができよう。これに対し、一四条一項は、条例の制定事項に関して範囲を画する一般事項を定めたものであり、現代民主主義による民主性のモーメントをも加味した規定ということができる。このような理解に立って、自治体では、条例の対象事項を検討することが必要である。つまり、ある政策を条例によって実施するのか、それとも要綱などにより行政限りの措置として実施するのかを判断する際には、なるべく条例化を図ることが現代民主主義の観点から望ましいといえる。

(2)　これまでの条例とこれからの条例

分権一括法による改正後の自治法一四条は、二項改正と、ならびに一項改正によってその引用している二条二項の改正、さらには旧二条三項の事務の例示規定の削除を受けて、条例対象事項を明確化した。しかしながら、これらの改正によって、決定的に自治体の条例事項が増えたわけではない。条例事項を明確化したものの、拡大したものではないといえよう。したがって、これまでも自治体の姿勢によっては多くの事項を条例化することができたし、事実、条例化に積極的な自治体も少なからず存在したところであった。このような状況に劇的な変化を与える改正ではなかったといえる。

これまで多くの自治体では条例化に関する方針などがなく、この結果、政策の条例化が積極的になされなかったように思われるが、この理由にどのようなものが考えられるであろうか。

この第一は、「行政事務」（自治法旧一四条二項）など法令によって義務づけられた事項だけを条例化しておけば、それで合法的な行政が行えたからである。第二は、法令との抵触をおそれ、条例化に消極的だったからである。第三は、自治体の長と議会議員は直接公選され、制度的には二元代表制となっているが、権限配分などの点で制度上、またこういった構造を反映し事実上長が圧倒的に強い仕組みになっているため、長の側に政策を条例化しなければならないといったインセンティブが働きにくかったからである。第四は、条例化といっても長提案の条例案が圧倒的に多く、事実上要綱との差異が明確ではなかったことである。この結果、行政（長だけではなく、行政委員会も含む。）による要綱行政が横行し、議会の反対がなく、長提案の政策条例として権威づけを図りたいものだけが任意的な条例となっていった。

これに対し、これからの条例は、民主性のモーメントに立つことがいっそう求められる。長が公選されているといっても、条例はその長と議会の共同でつくられるものであるから、条例のほうが長の要綱などに比べて民主性が強いことは明らかである。分権改革の結果、国の行政による自治体行政へのコントロールが縮減されたが、この分、自治体は、住民を含む自治体内部のコントロール・システムに磨きをかけなければならない。

行政手法に関しても、従来の行政処分中心の行政ではなくなっており、行政指導や行政契約、民間自身の自己規制への誘導、課徴金などによる誘導（間接強制）、ＮＰＯとの協働・交渉などと行政活動は著しく多様化している。行政活動が拡大・多様化したことに伴って、住民は、行政処分だけをコントロールすればよいのではなく、他の行政手法に関しても民主的にコントロールしていかなければならないのである。行政手法の多様化に対応した条例のつくり方といったことを、真剣に検討すべき時期に来ているといえる。

3　自治体職員に必要な法務能力

(1)　自治体職員の四類型

このような時代背景のなかで、自治体職員にはどのような能力が求められるのだろうか。もちろん、「条例をつくる」といった能力も必要ではあるが、これは職員個人が取り組むべき課題である前に、自治体自体としての方針がなければならないであろう。そこで、ここでは、自治体職員個人としての取組が可能な課題について、法務能力の観点から取り上げることにする。

神奈川県庁に勤めていた礒崎初仁教授は、自治体職員を次の三つのタイプに分類している（「座談会：『政策法務』とはいったい何か――地方分権と法システム（鈴木庸夫・森田朗・礒崎初仁）」地方自治ジャーナル二一三号（一九九六年）二七～二九頁、『分権時代の政策法務』四八～五〇頁）。すなわち、①法律に弱く法律に使われる職員、②法律に強く法律に使われる職員、③法律に強く法律を使おうとする職員、である。縦割り行政の執行に際しては、②の「法律に強く法律に使われる職員」がいれば十分であったかもしれないが、分権時代の自治体では、自治体政策から発想し、政策実現のために法律を使いこなすことができる③のタイプの職員が強く求められよう。

なお、筆者は、右の三つのタイプに加え、④法律に弱く法律を使わない職員、というタイプがあると考えている（［図表2―2］）。①～④のタイプについて、筆者なりの理解で多少解説してみたい。

図表２－２　政策法務の観点からみた自治体職員の４類型

	Ｐｌａｎ（条例案作成）	Ｄｏ（法律・条例等執行）	Ｓｅｅ（執行評価）
①法律に弱く法律に使われる職員	条例案の立案ができない 立案に消極的	市民的視点が弱い 工夫しない 縦割り的発想 法律的知識不足 権威的執行 公平な対応	責任感弱い 責任とれない 自信なし
②法律に強く法律に使われる職員	条例案の立案ができる 立案に消極的	市民的視点が弱い 工夫しない 縦割り的発想 法律的知識豊富 権威的執行 公平な対応	責任感強い 責任とれる 自信あり
③法律に強く法律を使おうとする職員	条例案の立案ができる 立案に積極的	市民的視点に強い 工夫する 総合的発想 法律的知識豊富 民主的執行 公平な対応	責任感強い 責任とれる 自信あり
④法律に弱く法律を使わない職員	条例案の立案ができない 立案に消極的	市民的視点に強い 工夫する 総合的発想 法律的知識不足 民主的執行 場当たりな対応になりがち	責任感強い 責任とれない 自信なし

①のタイプの職員は、法律でも通達でも、とにかく権威のありそうな文書には従っておけば間違いないと考え、住民の意向などを付度しない。②のタイプの職員は、機関委任事務なり法定受託事務の性質を杓子定規に理解し、その運用において住民の意向と衝突しても、事務の性質上やむをえないということで、住民の意向を切り捨てていってしまう。③のタイプの職員は、事務の性質などを理解しつつ、それを現場でどう活かしていくかということを自分で考えて、他の法律による事務と組み合わせたり、条例の解釈を工夫したりしながら仕事をしていく。そして、最後の④のタイプの職員は、良くも悪くも法律に縛られず、住民の意向に沿った仕事をしようとする。

①のタイプの職員については、これ

以上の解説は不要であろう。②のタイプの職員は、判例などの知識が豊富である場合も多いと思うが、判例の対象である事件は過去に起こったものであり、現在とは時代背景を異にしている。また、訴訟において行政が勝訴したということは行政の行為が違法ではなかったというにとどまり、その対応が適切であったかどうかまでは判断されていない。それにもかかわらず、勝訴事例が過去にあるから行政はここまでできる（ここまでする必要がない）といった判断に傾きがちである。④のタイプの職員は、住民の意向を大事に考えるのであるから基本的には好ましいタイプではあるが、いかんせんその場がうまく回ればすべてよしといった反応になりがちで、公平性なり長期的な展望に立った視点を見失いがちである。したがって、自己決定、自己責任を基調とし、住民との対話のなかで物事の可否を決し、この結果に対して将来にわたって責任をもつという、分権時代に求められる職員は、①、②、④のタイプではやはりだめであり、③のタイプをめざした努力が必要ということになる。

(2)　統治のツールから協働のツールへ

法務能力とは、何のために必要な能力であろうか。

法が住民支配のためのツールだとすれば、法務能力もまた、それに資するための道具にすぎなくなる。ここでも条例を例にとって述べれば、かつて公安条例などをめぐってその合憲性が争われた事案がある。東京都公安条例事件判決（最判一九六〇年七月二〇日刑集一四巻九号一二四三頁）、徳島市公安条例事件判決（最判一九七五年九月一〇日刑集二九巻八号四八九頁）は、法律と条例の関係などに関しても貴重なリーディング・ケースを提供しているが、別の観点からみて重要な事項は、表現の自由と犯罪構成要件の明確性などに関するものである。ここで注意しておきたいのは、条例で規定したような事項を法律で定めることが、表現の自由との関係から憲法解釈上むずかしいとの判断から、いわば条例が法律の肩代わりをさせられたという事実である。すなわち、ここでの条例は、統治のツールとしての機能を担ったといえる。

もちろん、分権時代には、条例の果たす役割は格段に上昇することが期待されているので、住民に対して権力的規制手段を伴う手法を採用すること自体を否定するものではない。しかし、これは、住民の総意としてこういった手法を採用するのであって、国の肩代わりであってもならない。したがって、条例は、たとえ権力的規制手段を含むものであっても住民協働のツールになるべきであって、このためには、その制定過程をこれにふさわしいものにする必要がある。

このためのキーワードは、参加と応答であろう。

国の各省庁においては、一九九九年度から規制の設定改廃に際して直接国民の意見を聴取するパブリック・コメント制度を採用している。行政機関が策定する政令等が対象であって、法律案を除くとしているものであるが、自治体においては、規制の設定改廃といったように範囲をしぼらず、また、条例案を除外する理由もないであろう。自治体議会では、パブリック・コメントに際し、住民から寄せられた意見と行政の考え方をふまえ、いっそう充実した審議をすることが可能になるはずである（詳しくは、北村喜宣『自治力の発想』二八頁を参照）。議会の活性化には、夜間議会や日曜議会の開催というような手段面での工夫もさることながら、審議自体の質が高く、住民にとって魅力のあることがなにより求められる。いずれにしても、条例案を含む、自治体にとって重要な事項の決定に際しては、住民の意見提出の機会を保障し、なおかつ寄せられた意見に対してきちんと応答することが必要である。

なお、このことは、だめなものはだめと理由を付しつつ回答することを求めるものであって、住民意見に迎合することではないことは当然である。こういった手続を整備する（この手段として条例化することも含まれよう）ことで、自治体職員の法務能力は否応なく高まっていくことになる。

4　法務能力を活かす組織づくり

職員個々の法務能力の向上とともに、それを自治体組織の意思決定につなげる仕組みが用意されなければならない。

(1)　庁議の改革

どこの自治体にあっても「庁議」とか「政策調整会議」とかいう名称の、首長はじめ三役出席の下、政策の方向を定める会議を催しているものと思われる。しかし、この会議が実質的に政策を調整し、妥当な結論を見いだす場になっているかというと、そうではない自治体も多いものと推測される。本来は、こういった場（とこれに先立って行われる幹事会議などの場）で、政策の妥当性とその達成手段の合法性に関してぎりぎりまでつめた議論をしなければならないものである。

重要な条例案などに関しては、「例規審査会」などの場において内容の合法性がチェックされるが、政策の妥当性をチェックする仕組みとの整合的な運用になっているのかどうか心許ないようである。こういった仕組みを活性化し、実質的な議論の場にしない限り、自治体は、「地域における行政を自主的かつ総合的に実施する役割を広く担う」（自治法一条の二①。傍点は筆者による。）ことはできない。自治体において「総合行政」を確立するためには、それを可能にするシステムを制度的に組み込む必要がある。これなくしては、省庁縦割りの機関委任事務制度はなくなっても、個別法による省庁の「技術的な助言」から脱し、自治体政策を自治体の事務として総合的に編み上げることはできない。

(2) 政治の復権

今般の分権改革が「執行分権」ではなく、「企画分権」であったことはすでに述べた。執行分権とは、自治体において処理する事務量の増加を意味するものであるから、その影響は行政に大きい。これに対して、企画分権とは、事務の質を変更するものであるから行政のみならず、議会など自治体意思の決定機関への影響もまた大きい。この最たるものが条例事項の拡大であるが、この他にも議決事項の任意的追加（自治法九六②）、その他議会審議における質疑の深化にも影響することが予想される。

このことを自治体職員の立場でとらえると、行政主導から議会決定のサポーターへとスタンスを転換することが必要である。国（の省庁）が企画したことを執行するだけならば、「自治体行政」限りの課題であり、議会に対して決定を仰ぐ必要はない。これに対して、「自治体」が企画するということであれば、議会がかかわる領域が増えるのである。したがって、今後、自治体職員は、議会など決定権をもつ機関に対して論点をわかりやすく提示し、その決定が合理的になされるようサポートすることが求められるようになる。こういったスタイルを簡単にいえば、「政治の復権」であるが、ここでいうところの政治は、「ブラック・ボックス内で物事を処理すること」ではない。むしろ、政策決定過程の透明化を図り、住民の目に見えるよう論点を明らかにすることこそが、今後の政治に求められる機能にほかならない。

そして、何もこういった機能は、議会がかかわる場面だけで発揮されるべきものではない。むしろ、行政決定の際にも必要とするのであり、政策決定過程の節々において、代替案の提示と選択という行為を、住民の参加と行政による応答を伴いながら実行する必要がある。

したがって、このようなプロセスを管理することが望まれ、管理主体を住民にまで広げようとするならば、この仕組みは条例によって規定する必要がある。従来、内部管理事項にしてきがちであった組織決定プロセスを法化し、住民の管理下におく。このようなこともまた、今後、自治体の課題になろう。

政治化とは、議会やその背後に存在する多様な住民相互の利害を調整する過程にほかならない。このためのルールが法である。そこで、政治の復権もまた、自治体職員に対して法務能力の強化を要請することになる。自治体職員がこのような環境の変化のなかでしたたかに生きていくためには、高い法務能力を身につけることが必要不可欠である。

〔参考文献〕
○礒崎初仁『分権時代の政策法務』地方自治土曜講座ブックレット三七（北海道町村会、一九九九年）
○北村喜宣『自治力の発想』（信山社、二〇〇一年）

第3章　分権時代の条例づくり

1　はじめに

本章では、政策法務論にとって大きな比重を占める「自治立法」のうち、条例論を取り上げる。二〇〇〇年四月一日に施行された地方分権一括法により地方自治法が大改正し、自治体における条例づくりの基盤が大きく拡大した。これに対して、自治体はどのように対応すべきだろうか。政策法務的な発想で検討してみよう。

新自治法の施行は、まさに分権時代の幕あけである。なんといっても、自治体は、機関委任事務体制時代の桎梏であった国の通達から解放され、新自治法の下、これまで以上に地域の意思を体現した条例を制定することができるようになった。待ちに待った「条例の時代」に突入した、はずである。なお、ここで、「はずである」というのは次の理由による。

なるほど、東京都では、二〇〇〇年三月三〇日、銀行等に対する外形標準課税、いわゆる「石原新税」である「東京都における銀行業等に対する事業税の課税標準等の特例に関する条例」が可決成立し、条例の時代への突入を思わせた（もっとも、東京地裁二〇〇二年三月二六日判決は、この条例を違法・無効とした。現在、都は控訴中）。

折しもどこの自治体も財政状況は厳しく、自治体独自の新税構想は魅力的である。都道府県を中心に、新税に関する研究が進み、神奈川県では神奈川県臨時特例企業税条例が成立（二〇〇一年七月二日公布）、また、三重県でも三重県産業廃棄物税条例が成立（二〇〇一年一一月九日公布）するなど実績もあがりつつある。これはこれで画期的な出来事であるが、しかし、このことをもって、一般論として、「条例の時代がやってきた」とまではいいがたいと筆者は感じる。むしろ、自治体の条例化への意欲は、地方分権一括法施行に伴う必要的な条例整備により施行日までに燃え尽きてしまい、新たに自治事務になった事項に関し、法令との関係を整理し、地域裁量を活かした条例を整備することまでとても手が回りかねない、という自治体も多いのではないだろうか。そして、このような脱力状態が、今日になってもまだ続いている自治体があるように感じられる。そのため、少なくとも、自治体で執行する法令事務に関する独自条例は、ほとんど見あたらない。

筆者は、このような現状を残念に思う。自治体における「条例による行政」を根づかせたいと考えている。法制度の改正によって、自然にこのような方向に進まないとするならば、この原因を究明し、原因に即した処方箋を示す必要があろう。

そこで、本章では、政策法務論をふまえ条例化の意味を述べた後、自治体における条例化対応の現状を素描する。そして、最後に、条例化に向けた自治体の実施体制を課題として取り上げることにする。

2　条例化の意味

そもそも自治体にとって「条例化」とは、どのような意味をもつのだろうか。このところがはっきりしていないと、「条例化、条例化」といくら唱えたところで、条例化は進まない。条例化は、現実に働きかける実務そのものであり、もちろんのこと空念仏などではない。自治体行政、議会、住民の三者の視点から検討する。

第一に、行政にとっては、条例化のコスト・パフォーマンスがよくないと思われていることである。つまり、行政にとって、条例化は目的ではなく、手段である。目的は、政策の実現にこそある。したがって、行政内部の要綱などで庁内合意が成立し、政策が実現できるならば、あえてその政策内容を条例にしたいというインセンティブが働きにくい。住民に義務を課したり、権利を制限する（自治法一四②）などの必要的条例事項を盛り込む場合はやむをえず条例化へのインセンティブが作用するが、有能な行政マンであればあるほど、こういった権力的な手法に頼らずとも必要な政策内容を実現できるとの自負があるため、行政指導の根拠となる要綱で十分に用がたりると考えがちである。この点に関しては、政策提案をする原課に対して、「なぜ条例化が必要であるのか」といった条例化抑制型の審査を行いがちな法制所管課の姿勢も反映していると考えられる。

ともあれ、このような状況のなかでは、首長が明確な意志をもって条例化を働きかけない限り、自治体の条例化は進まない。

第二に、議会にとっても、条例化のコスト・パフォーマンスがよくないと思われていることである。つまり、議会にとって、ほとんどの条例案は首長から提案され審議をゆだねられるが、いくら十分に審議したとしても、条例づくりの成果は首長に帰属してしまう。議会にとって、住民（有権者）に対するアピール効果が弱いのである。

このような事態の打開を図るためには、議員が条例案を提出すべきであるが、ひとりの政治家（＝首長）の下にある行政と異なり、会派政治の下にある議会では合意形成は容易ではない。これらの障害を乗り越えて成立した議員提案条例も存するが、「数多く」とはいえないのが現状である。議員にとって、政策内容の具体化という観点からは、自ら条例案をつくるよりも、首長に働きかけ条例案をつくらせ、または要綱等での実施を促すことのほうが、手っ取り早く手堅いものと考えられている。

第三に、住民にとってはどうか。

自治体行政に対して積極的に関わり自ら提案などする住民にとっては、政策の実現こそが課題であり、その手法は二の次の課題かもしれない。しかし、大部分の住民は、自治体を空気のように感じ、普段その存在を意識していない。このような住民がふとしたことで自治体行政を意識し、その根拠にあたろうとしたときに感じる疑問は、「根拠がみえない」ことの不思議さではないだろうか。すなわち、自治体行政に精通している首長や職員・議員にとっては、要綱もまた法（のようなもの）であり、条例化していなくともまず不自由はない。これに対して、一般住民にとっては、可視的な条例と不可視の要綱とでは決定的な違いがある。

つまり、自治体にとって、条例化の意義は、住民の利便向上と、住民に対する権利侵害への一般予防にある。コスト・パフォーマンスの観点からいえば、この意義を、首長・職員や議員が理解し、この考えに沿って条例化対象を選定するとき、パフォーマンスは上昇する。同時に、条例づくりは一種の慣れであり、職員などが数をこなすことによりつくり方に精通すれば、コストは下降しよう。

3　条例の分類

ところで、一口に「条例」というが、そのイメージは人によって異なるようである。一般的には、自治体政策の骨格を規定するものが条例であると考えられているが、自治体でいわゆる条例案立案実務に携わる者からすると、やや様相を異にする。ここでは、「任意条例」、「義務付け条例」という区分の下に検討してみよう。

(1)　任意条例

任意条例とは、自治体で実施するかどうか、また実施するとしても条例を定めて実施するかどうか任意に任された事項を定める条例である。その多くは、自治体政策に関わるものであり、昨今では、住民の参画を得ながらつくられるものも多い。「政策条例」と言い換えてもよいであろう。地域課題に対応したものであり、分権時代にふさわしい条例のタイプである。

一方、任意条例のなかには個別法に規定があるものも多い。しかし、機関委任事務制度が廃止された分権時代にあっては、個別法によって初めて条例が制定できることになるものではない。

たとえば、水質汚濁防止法は、「都道府県は、……政令で定める基準に従い、条例で、同項（第一項のこと。筆者注）の排水基準にかえて適用すべき同項の排水基準で定める許容限度よりきびしい許容限度を定める排水基準を定めることができる。」（三③）とし、自治体の条例制定権について規定している。分権改革以前にあっては、これは団体委任条例としての意味が明確であった（北村喜宣「法律にもとづく条例についての覚書」八頁参照）。しかし、分権改革を経た現在では、自治体で自主的に条例を制定できることは自明であるから、水質汚濁防止法のこの規定は、むしろ「政令で定める基準に従」わなければならないという意味で、自治体の条例制定権に限界を設けたことに（良くも悪くも）その意義を見いだすべきであろう。北村教授は、こういった規定を「逆しめつけ」と呼ぶが、評価については、「法律ごとに検討を要する問題」としている（「法律にもとづく条例についての覚書」二八頁）。いずれにしても、自治体では、このような法環境の変化を理解した上で政策の条例化を検討する必要がある。

(2)　義務付け条例

義務付け条例とは、法令によってその制定が義務づけられた条例である。広くは、地方自治法一四条二項に規定されるような、住民に義務を課したり、権利を制限する条例一般をさす。また、狭くは、このような法令の抽象的な規定を根拠にするのではなく、個別法の「条例で定める」といった条文を根拠に定められるものをさす。たとえば、児童福祉法二四条一項本文は、「市町村は、保護者の労働又は疾病その他の政令で定める基準に従い条例で定める事由により、その監護すべき乳児、幼児又は第三九条第二項に規定する児童の保育に欠けるところがある場合において、保護者から申込みがあつたときは、それらの児童を保育所において保育しなければならない。」（傍点は筆者による。）というものであり、保育の実施が市町村に義務づけられる以上、その要件の条例化は、右の条文によって義務づけられたものといえる。このようなタイプの条例は、従来、「委任条例」といわれてきたが、新しい地方自治制度においては、法律による委任という言い方が妥当であるかどうか疑問である。

ともあれ、分権時代には、条例を制定できること自体は当然であり、内容において地域裁量が発揮できることこそが期待される条例のタイプである。

4　自治体の条例化対応の現状

地方分権一括法の制定に伴う条例改正は、二〇〇〇年三月をもって終了した。このなかには、義務付け条例にとどまらず、任意条例を含むものもある。任意条例の制定にはそれなりの準備が必要なので、一朝一夕には進まない。そのようななかでも、二〇〇〇年三月までにいくつかの政策条例が制定されたのは画期的なことだといえる。このような取組が今後さらに広がっていくことを期待したい。なお、地方六団体地方分権推進本部主催のホームページ「分権ネット」（http://www.bunken.nga.gr.jp/）が、これらの例を集積し、公開している。

一方、義務付け条例における自治体の独自性の発揮という観点ではどうだろうか。筆者の見るところ、この面では元気がないようである。こういった条例は、従来の首長の規則を単に条例に置き換えることで対応が可能なものであるため、議会の議決によって成立する条例とはいえ、行政が事務的に淡々と処理することが可能であった。冒頭に述べたような「燃え尽き自治体」や「未着火自治体」では、条例が住民との対話のツールであるということを忘れていると思われる。行政だけで淡々と処理することが可能であるということは、行政のみならず議会もまた、同様の認識にあることの証拠である。さらにいえば、住民もまた同様ということができるが、自治体から給与や報酬を得ている者が、住民の無自覚につけ込んでいてはいけないのである。

義務付け条例にあっても、内容面では、法令施行条例から法令解釈条例へ条例の深化を図ることが求められる。この意味では、義務付け条例もまた、政策条例化するものといえる。

5　条例案審議体制

任意条例とともに義務付け条例もまた自治体政策の民主化に関わりをもつものとしたとき、これらに対しても、議会では活発な議論が期待される。そのため、理想的には、十分な審議日数の確保とともに委員会審議の充実が求められる。

しかし、義務付け条例は法令の補完として位置づけられているため、法令の施行時期までに制定しなければならない。今般の地方分権一括法の施行過程に端的なように、国が政令を示さない限り自治体では条例がつくれず、しかも国が政令を示す時期はその施行の直前である場合もある。このため、行政が条例案をつくるのも遅れ、議会の審議は空洞化せざるをえない状況にある。しかも、問題は、このような議会審議の空洞化に議会自身が慣れてしまい、施行時期のリミットがない任意条例案の審議に関しても、行政の要求する施行日に迎合してしまいがちであることである。たしかに行政には行政の都合があるが、それに対して物わかりがよすぎては、議会が条例を制定するという意義が薄らいでしまうことになる。

本来、議会は、首長のチェック機関として、継続審議も視野に入れた十分な審議を行うべきである。このために必要であれば、現状よりも多くの議員を定数とし、委員会の数を増やすことも考えられる。このような観点からして、地方分権一括法による自治法改正により、議員定数の上限制を定めたことは批判されるべきである。

近年、特に、情報通信技術の発達により、自治体行政に対する直接住民参加の動きが加速しつつある。インターネットを主たる手段としたパブリック・コメントや各種住民投票の活性化である。このように、行政による政策形成過程への民意の反映が進めば進むほど、議会の存在意義が問われてくる。制度的代表機関が、その決定過程において一層民意を反映し、自治体にとってよりよい決定を下すよう、十全の審議が望まれる。この審議の対象の最大の事項が条例案であることを関係者は肝に銘じなければなるまい。

分権時代の条例づくりにとって、議会こそが正念場を迎えている。自治体を支える車の両輪として、二元代表機関のひとつにふさわしい働きが期待されているといえる。

〔参考文献〕

○北村喜宣「法律にもとづく条例についての覚書」上智法学論集四五巻三号（二〇〇二年）
○小早川光郎編著『地方分権と自治体法務――その知恵と力』（ぎょうせい、二〇〇〇年）
○自治体学会編『ローカル・ルールをつくろう』年報自治体学一三号（良書普及会、二〇〇〇年）
○地方六団体地方分権推進本部『「地方分権時代の条例に関する調査研究」の中間まとめ』（二〇〇一年）

第4章　自治体行政の特質と条例の多様化

1　はじめに

地方分権一括法によって改正された新地方自治法（以下、「自治法」という。）が施行されて二年がすぎた。最大の眼目であった機関委任事務制度が廃止され、自治体で処理する事務は、自治事務はもちろんのこと、法定受託事務であっても自治体という団体の事務に性格が変更され、自治体の最高意思決定方式である条例制定の対象になるということに、今では異論を唱える者はいない。

自治体は、機関委任事務制度のくびきから解放され、法令の範囲内という制限の内ではあるが、これまでに比較して格段に条例がつくりやすくなったものである。しかしながら、このような「制度的事実」が「現実的事実」になっているかというと、多くの自治体では「否」と答えざるをえないのではないだろうか（たとえば、このような意識の下に書かれた論文に、辻山幸宣「地方自治改革の出発点――分権改革を地方自治に活かすために」『自治・分権システムの可能性』一七頁以下がある。特に、一八頁参照。なお、「法令の範囲内」に関し、法令等の「規律密度」の維持・緩和という観点から、土地利用規制行政の分野を対象に書かれた論文に、礒崎初仁「土地利用規制と分権改革」同書一五三頁以下がある。特に、一六一頁参照)。だからこそ、研究者はその旨を指摘することで自治体の積極的な取組を促し(北村喜宣「地方分権と条例(上)(下)」自治研究七五巻三、五号(一九九九年)各五九、六九頁以下、同「法定受託事務と条例(上)(下)」自治研究七五巻八、九号(一九九九年)各五六、九七頁以下、同「新地方自治法施行後の条例論・試論(上)(下)」自治研究七六巻八、九号(二〇〇〇年)各四二、六六頁以下、同「必要的自治事務をめぐる総合的対応と条例」『自治・分権システムの可能性』四一頁以下など参照)、また、地方六団体地方分権推進本部といった地方分権を推進する組織は、条例を中心にした研究を進めているのだろうと思われる(『「地方分権時代の条例に関する調査研究」の中間まとめ』参照)。

筆者もまた同様の見解に立つものであるが(「地方自治法の一般原則と個別法規定——自治事務を中心に」『自治・分権システムの可能性』六五頁以下参照)、自治体職員であったときの感覚を加味するとき、どうも「制度的事実」の普及・啓発だけでは「現実的事実」が実現しにくいのではないかという危惧をもつ。この原因のひとつには、自治体行政を国の行政とパラレルにとらえ、条例の機能を法律のそれと同様にとらえようとする自治体職員の意識があるように感じられる。そこで、こういった危惧を解消するために、いま少し自治体行政の特質について検討を深め、条例の機能を多面的にとらえる必要があると考える。このことで、自治体職員の意識の襞《ひだ》にまで入り込み、意識転換を促したい。

もっとも、このような議論をいくらしても、それらが自治体職員に伝わらない限り意味をもたない。とすると、かつて筆者も述べたように(「条例による行政への転換」『地方分権の本流へ』一九八頁以下(初出、「地方分権推進条例の制定運動」法学セミナー五二七号(一九九八年)一〇八頁以下)参照)、自治体としての条例化方針が策定されなければならないし、このためには、首長や議会議員・住民への働きかけが強く求められることになる。しかし、このような動きが一般化するには付加的な条件が必要なようである。たとえば、中核市、特例市になるといったように、外形的に目に見える何かが伴わない限りむずかしいようにも感じられる。この点で、市長、議会および職員が条例化に一丸となって取り組む横須賀市の例は、残念ながら特殊なケースといわざるをえない（横須賀市の取組に関しては、『地方分権／条例制定の要点』が資料を満載し詳しい。また、「鼎談：『ガバナンスの時代』へ（大森彌・沢田秀男・松本克夫）」月刊地方分権二一号（二〇〇一年）一五頁以下の沢田（横須賀市長）発言、さらに、議会関係では、矢島真知子（横須賀市議会議員）「市議会の活性化――先例・慣行の見直しから政策条例づくりへ」年報自治体学一三号（二〇〇〇年）一八頁以下などを参照）。

ともあれ、本章は、自治体では条例化が思ったほどに進まないという現状をふまえ、この原因を考察するとともに対策を検討するものである。ただし、検討の主体は、首長の視点、議会の視点、住民の視点、そして職員の視点からと多様であり、さらに、条例化に対するそれぞれの「意識」を対象にすることから、意識の主体を限定しないことには、議論が拡散してしまうことになる。そこで、本章では、基本的に自治体職員の意識転換をターゲットに検討することにし、これに関係する限りで他の意識主体に言及することにとどめる。つまり他の意識主体は、自治体職員の意識形成への環境因子としてとらえることにする。そして、最後に、こういった手法の限界をふまえ、政治過程の重要性と組織・体制論の必要性を再び訴える。

2　自治体職員の条例イメージと実態

新自治法の施行によって条例制定権の範囲が制度的に広がりはしたが、だからといって自動的に条例化が進むわけではない。「条例をつくろう」もしくは「条例をつくらなくてはならない」といった動因が生じなければ条例は現実に制定されないのである。そこで、自治体職員にとって、条例とはいったいどのようにイメージされているのかをまずはじめに考察する。そして、次にそのイメージは現実の条例の正しい姿を現しているのかを検討する。これらの間にずれがあるとすれば、条例化は進みようがないからである。

　では、自治体職員による一般的な条例イメージとはどのようなものだろうか。

　それは、条例とは自治体と住民との間の権利・義務関係を規律する「法規」を意味する、といったもののようである。このようなイメージに立った場合、主に条例の実効性確保の点などから、権力的な制裁手段を欠く条例は条例の名に値しないものととらえられがちである（福田有理（千葉県職員）「条例・規則の立案から制定まで」『地方分権と自治体法務――その知恵と力』一〇四頁参照）。条例の機能を法律と同様に理解する、ある意味では非常にオーソドックスな見方であるといえよう。

　このような見方の成立する背景には、近代法の原則である「法律による行政の原理」が存する。そして、この場合、行政が独力では達成できず必ず法律の根拠を有するとされる「法律の留保」原則の理解に関しては、侵害留保説がとられているものと推測される。つまり、「国民に義務を課し、または権利を制限するには必ず法律の根拠が必要である」から、この命題の逆である、「法律の根拠を必要とするためには、国民に義務を課し、または権利を制限する必要性がなければならない」もまた真であるというイメージがあるように思われる。しかし、「逆、必ずしも真ならず」は、論理学の常識に属する事柄である。したがって、このような理解は、単なるイメージにすぎず、このことを実証するにはさらなる要件の追加がなくてはならない。そして、さらにいえば、このイメージの前提になっている侵害留保説自体も盤石のものではなく、重要事項留保説など他の有力説によってその地位が脅かされているということにも注意が必要である（侵害留保説、重要事項留保説などの法律の留保学説については、塩野宏『行政法Ⅰ（第二版）』五九～六七頁、阿部泰隆『行政の法システム（下）［新版］』六九一～六九七頁、大橋洋一「法律の留保学説の現代的課題――本質性理論（Wesentlichkeitstheorie）を中心として」『現代行政の行為形式論』一頁以下などを参照)。

そこで、次に、実際に制定・施行されている条例の姿を素描する。このことによって、現実に制定されている条例は、住民に対して義務を課したり権利を制限しているものだけでなく、さまざまなタイプのものがあることがわかる。ここでは、大橋洋一教授による次のような分類を下に検討してみよう(大橋洋一「条例論の基礎」『現代行政の行為形式論』三四三〜三四四頁)。

① 法令で規律されているものを条例の適用範囲から除外するもの。

② 法令の規律する規制手段・申請処理手続に先行して条例の規制システムを設けるもの。

③ 条例の定めるシステムを、(ア)助言に止めるもの、(イ)(実行性担保手段の伴わない)警告・命令といった「名前だけ規制的な手法」を規律するもの、(ウ)届出—勧告といった行政指導型の仕組みにするもの。その場合でも、(エ)届出違反・勧告違反に対する制裁を氏名公表に止め、罰則の利用を回避するもの。

④ 目的達成のため、規制型の手法を断念して、助成措置等の経済的インセンティブによって市民の行動を誘導しようとするもの。

⑤ 条例のなかで協定の利用を要請し、協定の拘束力によって条例の内容を実現しようと試みるもの。

⑥ 罰則等の厳格な規制手段を規律するものの、実際上は適用することを予定していないもの。

なぜ、このような多様なタイプの条例が存在するのかに関しては個々の条例ごとに分析する必要がある。しかし、本章では個別条例を分析するのではなく、地方分権の観点に立って行われた自治法の改正趣旨から概括的に検討するにとどめる。具体例は、後の節で若干取り上げることにしよう。

第一に、①、②に関しては、機関委任事務制度との関わりが強いものと考えられる。機関委任事務に関しては原則として条例を制定することができなかったので、これに抵触しないように条例の対象をしぼったものと思われる。したがって、地方分権一括法による自治法改正の結果、機関委任事務制度は廃止され、従前の機関委任事務のうち法定受託事務に分類整理されたものも含めてこれらはすべて自治体の事務になったのであるから、(法令に違反しないかどうかの検討作業は残るものの、)法制的には、法令の規律する規制手段・申請処理手続自体の条例化も可能になったものと考えることができる。

第二に、③~⑤に関しては、条例でなければできない規制を、なぜ条例という法形式をとったにもかかわらず規制「的」なものに弱めるのか疑問である。おそらくこの理由のひとつは、罰則等を条例に置くことに関しての自信が自治体にないためであろうと思われる。住民に不利益を課する以上、その相手から不服を申し立てられることもあるだろうし、裁判上での争いも覚悟しなければならない。この中で条例の適法性や、その適用にあたっての合法性を主張していかなければならないことが予想されるため、こういった事態を避けようとしたものと思われる。もうひとつには、条例に基づく罰則の適用は自治体単独では実施できないからであろうと思われる。罰則を適用する前提として検察官が起訴してくれるか、裁判で耐えられるだけの資料を捜査権限のない自治体で十分に収集できるか、できないとした場合、警察の協力が得られるかといった事情を考慮した場合、自治体単独で実施が可能な規制「的」行政指導で代用しようとする心理が働きやすいものと思われる。

第三に、⑥のように、どうせ適用しないことが予想されるものならば、警察や検察、そして裁判所などへの対応を考慮することはない。抽象的規範統制訴訟が提起できない日本の裁判制度にあっては、適用しない限りどんな条例であっても違法と判断されることはないのである。もっとも、このような条例の存在は、条例という法形式への国民の信頼感を失わせることにもつながりかねないことを念頭に置く必要がある。

3　「計画—指導—直接行動」モデルと条例の実効性確保

(1)　「計画—指導—直接行動」モデル

ところで、国の行政スタイルは古典的法治主義の「法律—処分—強制」モデルであるのに対して、自治体のそれは、現代的な「計画—指導—直接行動」モデルであるとの見解が磯部力教授によって発表されている（「自治体行政の特質と現代法治主義の課題」公法研究五七号一四七頁以下、特に一六八頁参照。以下、「磯部論文」という。なお、人見剛「自治体法務とは」『地方分権と自治体法務』一三頁も参照。以下、「人見論文」という。）。

もちろん、現代にあっては、国の行政モデルも「○×基本法」のような宣言・プログラム法の拡大にみられるように変動してきている。国の法律にあっても自治体の条例同様に多様化が進みつつある。したがって、両者の違いは相対的なものにとどまらざるをえないのであるが、これらの行政モデルと自治体の条例との関係はどのようになるのだろうか。また、これらの関係は、地方分権一括法の施行によって変化が生じたのだろうか。まずは条例論との関わりから検討してみよう。

自治体行政の「計画—指導—直接行動」モデルとはどのようなものだろうか。磯部論文の主旨を人見論文をふまえ筆者なりにごく簡単にまとめると、次のようなものになる（磯部論文一六八〜一七二頁、人見論文一二〜一三頁参照）。

① 自治体行政モデルは、地域の個性を反映し、総合行政的・地域実情反映的な、合意に基づく行政手法を中心とした利害調整的なものである。

② 合意に基づく行政手法とは、錯綜した利害関係者間の利害調整的手続としての各種住民参加手続である。

③ こうした手続の基礎として、(ア)指導要綱行政、(イ)公害防止協定、緑化協定、建築協定などの協定行政、(ウ)市町村マスタープランやゴールドプランなどの計画行政、(エ)地元説明会など、合意形成のために従来から実務的に行われてきた「はみ出し現象」ともいうべき手続があげられる。

磯部論文は、一九九四年一〇月の公法学会総会報告をほとんどそのまま原稿化したものとのことである（磯部論文一五五頁）。当日の報告は、行政手続法・行政手続条例制定の動きや、地方分権改革の動向に配慮したものであるが、時期的に行政手続法・行政手続条例の運用をふまえたものではなく、また、地方分権一括法による自治法改正の結果をふまえたものでもありえない。

磯部論文の自治体行政「計画―指導―直接行動」モデルは、その根拠を条例に置くことを自治体に求めてはおらず、むしろ国における「法律主義」に対比される「条例主義」の徹底に否定的なようにもみえる（磯部論文一五二～一五三頁）。しかし、磯部論文の主眼は、「計画―指導―直接行動」モデルという形で自治体行政の特質を述べ、こういった特質をはみ出し現象として行政法研究の対象から切り捨てるのではなく、むしろ正面から研究に取り組むことを求めているものと思われる。したがって、述べられている「計画―指導―直接行動」モデルが法（条例）に基づいていないことをプラスに評価しているものとは考えられず、今後、法化（＝条例化）していくことを好ましい方向ととらえているのではないだろうか。この点、「裁判規範的デジタル型」の法律主義を否定し、「利害調整的アナログ型」の何かを模索しているようである。この「何か」は古典的な意味での条例ではなく、「もう一つの法治主義」（磯部論文一六六～一六七頁）に連なっているため、「従来の条例主義」を否定するものかもしれない。「もう一つの法治主義」の内容は、今ひとつはっきりしないが、このようなニュアンスの報告に対して、小早川光郎教授は、「危険思想」がほのみえる、との感想を残したとのことであり（「第二部会討論要旨」公法研究五七号二三六頁）、興味深い。「もう一つの法治主義」は、自治体行政における法治主義のひとつのあり方なのか、それとももはや法治主義の範囲を逸脱したものなのであろうか。

ところで、その後、行政手続法・行政手続条例の運用のなかで、自治体では行政指導の根拠などを要綱から条例へと格上げしたものがある。同じ行政指導であっても、その根拠が要綱であるのと条例であるのとでは、行政指導を行う事業部局の職員の気構えが違うし、また、受け手である事業者等への心理的効果が異なると考えたからであろう。この結果、いわゆる「条例の実効性確保」手段を伴わない条例が増えてきた。また、国の法律における各種基本法制定の動向を反映してか、自治体でも各種基本条例制定の動きが加速している。基本条例もまた、その実行手段は後に制定することを予定している行政作用条例にゆだねているため、「条例の実効性確保」手段を伴わない条例の一種であるといえる。このような条例は、法治主義の観点からは意味をもたないものなのか、それとも、このような「条例の実効性確保」手段を伴わない条例こそが、磯部教授の模索する「もう一つの法治主義」につながっていくのであろうか。

筆者は、こういった条例を「もう一つの法治主義」に連なる「現代的条例」と位置づけたいと考えている。

(2)　条例の実効性確保

次に、「条例の実効性」とは何かを具体的に検討する。この論点に関しても、すでに先行した研究が存在するため、これらを素描することから始める。

まず、「条例の実効性確保」とは、「条例によって課された個別の義務の実効性の確保」とは異なることに注意しなければならない（中原茂樹「条例・規則の実効の確保」『地方分権と自治体法務』一二三〜一二四頁参照）。後者には、①条例の具体的な条項による個別的な義務違反に対する制裁として何らかの罰ないし不利益を与えたり（刑罰、過料、制裁としての公表など）、②強制的な手段を用いて義務者にその義務を履行させ、または履行があったに等しい状態を実現する方法がある（行政上の強制執行および民事上の強制執行）。これに対し、前者には、課徴金を課したり、地方税、使用料・手数料等を課すというように対象者に不利益を課す手法のほか、補助金等を支給し、または表彰するなど利益誘導を図ることで、条例の目的を達成する措置が考えられる。条例は、政策目的実現のための手段であるから、その実効性の確保の方法は規制的手法に限らないのである。

一方、「条例によって課された個別の義務の実効性の確保」として、たとえば刑罰を定めていても、実際上は適用することを予定していないのであれば、それは「条例の実効性確保」を欠くといわなければならない。したがって、「条例によって課された個別の義務の実効性の確保」と「条例の実効性確保」との関係は、どちらかがどちらかを含むといったものではなく、重なる部分をもちながらも別物として理解すべきである。

では、自治体行政モデルと条例は、どのような関係になっているのだろうか。

自治体は、法的位置づけをもたない計画や行政指導、さらには直接行動によっても住民の安全確保などを図っている。すなわち、国の「法律—処分—強制」モデルは、個別・縦割り・具体的な「法律によって課された個別の義務の実効性の確保」に資するのに対し、自治体の「計画—指導—直接行動」モデルは、総合的な「政策の実効性確保」に資するものであるということができる。この「政策の実効性確保」は、条例につながっていくのだろうか。

もっとも、現状では、計画根拠の条例化も不十分ながら進みつつあるように思える。「〇×基本条例」などの制定がそれである。また、行政指導に関しても、行政手続法・同条例の施行に促されるようにその根拠の条例化が進みつつある。地方分権一括法の施行による機関委任事務制度の廃止によっても、それなりに要綱の条例化は進んでいくことだろう。そして、要綱の条例化が好ましいとしても、すべての要綱が条例化になじむものでもないだろうから、なじまない要綱の透明性を図るために「告示」にして例規集に収めるべきだとの考え方がある（兼子仁『自治体・住民の法律入門』一〇〇～一〇三頁）。この場合、要綱の内容にもより、また、「告示された要綱」

と「（長等の）規則」との差違をどこに見いだすのか疑問があるが、問題意識としては、筆者と同様であると思われる。なお、川崎市の要綱の整理点検状況が報告されている（土山希美枝「自治体『要綱』の実体をさぐる」政策情報かわさき九号（二〇〇〇年）四二頁以下）。

いずれにしても、これらの動きのなかで、「計画―指導―直接行動」モデルもまた「条例」との結びつきを強めていくことが予想される。むしろ、「計画―指導―直接行動」モデルが「条例」と結びつくとき、これはすでに磯部論文にいう「計画―指導―直接行動」モデルではなく、「もう一つの法治主義」に変化したものと考えられる。

換言すれば、自治体の条例は、すでに大橋論文にみたように、住民に「義務を課し、又は権利を制限する」（自治法一四条二項）事項以外のものも広範に規律している。このような観点から現在自治体に存する条例を点検することが、自治体条例論の深化のために必要である（このような観点から実験的に取り組んだ成果として、川崎市職員研修所『条例の制定過程を振り返る』平成一二年度政策法務研修報告書（二〇〇一年）がある。この概要は、地方自治職員研修四七八号および四七九号（二〇〇二年）の「ザ・プロポーザル」のコーナーに紹介されている）。

ちなみに、自治法に基づく必要的条例事項に限ってみても、権力的性質を有するもののほか、公の施設に関するもの（自治法二四四条の二①：以下、単に条文のみを示す）、使用料・手数料等の賦課徴収に関するもの（二二八）、財政状況の公表に関するもの（二四三の三①）、議会に関するもの（九〇①ほか）、執行機関に関するもの（一三八の四③ほか）、職員の給与等に関するもの（二〇三ほか）、休日に関するもの（四の二①、②）、財務等に関するもの（二三七②ほか）などその数は多く、内容もバラエティに富んでいる（詳しくは、松本英昭『新版逐条地方自治法』一七五～一七六頁参照）。そして、さらに、任意的条例としては、給付・貸付に関するもの、まちづくりなどに関する事業の根拠を定めるもの、環境・福祉など分野別政策の基本を定めるものなど、いっそう多様な展開をみせている。

4　二元代表制と二元立法制

ところで、政策の条例化を進めようとする主張に対し、自治体では国と違って、長も議会議員と同様に住民から直接選任されている（二元代表制）ため、これらの主張は長の専権を侵すものだとの反論がある。そして、この反論の根拠のひとつとして、長の規則制定権（自治法一五条）の存在があげられる。すなわち、立法権に関しても、長は独立した権能を与えられており、自治法は、長と議会の「二元立法制」を定めているものである、との見解である（「二元立法制」については、高田敏「条例論」『現代行政法体系八　地方自治』一七一頁参照。なお、同書では「二元的立法制」としている）。

はたして、自治法は、「二元立法制」といえるまでのものを規定しているのであろうか。立法権と対比されるのは行政権であるので、まず、自治法が規定する行政権についてみてみよう。

もちろん、行政権の主な行使主体は、長を中心とする執行機関である。しかしながら、自治法は、長等の執行権に関しても議会がかかわるケースを数多く定めている。同法九六条一項の議決事件の定めがそれである。このうち同条一項五号〜一五号は、立法作用というよりも行政作用に位置づけられる。そして、さらに、議会は、これらのほかにも同法九六条二項によって議会の議決すべき事項を追加することができる。このように議会もまた執行機関的機能を分任している。自治法においては、議会は純粋な立法機関ではなく、執行機関としての機能も分担するものとして設計されている。

一方、議会が執行機関的機能を担うのとバランスをとるために、長等の執行機関も立法機関的機能を担っている。この代表が長の規則制定権であろう。

もっとも、だからといって、長の立法権（規則制定権）が議会の立法権（条例制定権）と同等の地位に立つとまではいえないと解する。先にみたように、議会が行政作用を担うからといって行政機関といわないのと同様に、長の本務は執行機関であって、立法機関ではない。すなわち、自治体の立法権は、議会に属することを基本としつつも、機関委任事務制度を同一の法律（自治法）に定めたがゆえ、つまり、機関委任事務に対して条例制定権が及ばない事態を補足するために、長に広範な規則制定権を与えたものと解せよう。このような理解を補強するものとして、地方分権一括法による自治法改正（一九九九年法律八七号）があげられる（今井照「自治体政策『論』セミナー第一〇回　二元代表制の性格は変化した」地方自治職員研修四六二号（二〇〇一年）五九頁も同旨と思われる）。この改正は、機関委任事務制度を廃止したものであるが、同時に、住民に対して義務を課しまたは権利を制限するには条例によらなければならない（一四②）としたところである。

この改正の意味は、もちろん、自治法旧二条二項による公共事務、団体委任事務、行政事務という事務の三区分を廃止するのに伴い、「行政事務」の内容を明確に規定し直したということにある（地方自治制度研究会編『Q&A改正地方自治法のポイント』五〇〜五一頁）。しかしながら、これだけが理由のすべてではなく、機関委任事務制度の廃止を意識した改正であることも意図していたようである。自治法改正の実務を担った自治省（当時）地方分権推進室長・佐藤文俊氏の「今回の制度改革のあとではよりいっそう条例が優位になっていくのではないでしょうか」（「座談会：新地方自治法の検証――分権改革のもたらすもの（第二回）」法令解説資料総覧二二二号（二〇〇〇年）一三頁）といった発言は、このことを裏づけている。

長と議会の二元代表制は、これらの機関に、立法権に関して同等の地位を認める二元立法制までも同様に保障したものではない（この論点に関し、憲法九四条にいう「条例」の解釈論として整理したものに、須藤陽子「自治体の立法権と国の法令」『地方分権と自治体法務』一四三頁以下がある。特に一四七〜一五〇頁参照）。すなわち、長の規則制定権は、議会による条例制定権と同様の地位に立つのではなく、条例制定権を補完するものにすぎないと解される。

議会と長は、ともに住民から直接選挙によって選ばれる代表であること（二元代表制）はたしかであるが、だからといってその機能に差がないわけではない。執行権のほとんどが長に属するのと同様に、立法権のほとんどは議会に属するものである。つまり、従来の自治法はアプリオリに二元立法制を定めていたのではなく、機関委任事務制度という下部構造の上に立った二元立法制であった。今般の改正によってこの下部構造が破壊された以上、立法権における議会の優位は一般的な議会制の理解に復元したものと考えられる。すなわち、議会による一元立法制プラス議会による委任またはごく限られた領域における長の立法作用である。この立法作用は、長と議会のチェック・アンド・バランスに資する程度のささやかなものであり、機関委任事務時代と異なり、もはや二元立法制の名に値しないものであろう。

5　分権時代の条例と要綱

さて、多様な条例のなかには、行政指導の根拠を定めているにとどまるものがある。そして、そのなかには、「条例によって課された個別の義務の実効性の確保」を欠くだけでなく、その前提となる「義務」自体も明確に課していないものも多い。筆者は、これらの条例を「もう一つの法治主義」の表れであり、「現代的条例主義」の萌芽にほかならないと考えている。

一方、自治体行政スタイルの特質を要綱に見いだし、かつこれを積極的に評価する見解からすれば、このような「行政指導根拠条例」は要綱と同じであって、条例としての固有の機能を果たさないといえるかもしれない。

また、同様に、理念だけを掲げて個別の権利義務を規律しない「理念条例」は、条例として固有の意味がないといえるかもしれない。さらには、給付行政は、議会の議決に基づく予算の裏づけがあれば執行可能なのであるから、あえて条例による根拠を要さないのかもしれない。こういった見解に対して、条例と要綱との差異という観点から、多少繰り返しになるがいま少し詳しく述べることにする。

後者のような考え方は、国の古典的「法律―処分―強制」モデルに立てば、すべて肯定されることになる。法律特有の効果が生じない以上、法律制定の意味がないといえる。しかしながら、自治体の「計画―指導―直接行動」モデルに立った場合、自治体計画や行政指導の根拠を条例という法形式でもって策定・実施することで、住民の行動に影響を及ぼすことができるならば、むしろ積極的に条例化すべきということになる。そして、自治体で処理する事務のすべてが「自治体の事務」になった分権時代においては、法令の落ち穂拾いの事項を条例化するのではなく、法令事項であっても、住民の視点で総合化・一体化したほうが体系的でわかりやすいなどの事情を考慮し、むしろいっそう積極的に条例化を図っていくことが求められる。

なお、自治体の「直接行動」に関し、法の根拠をもたなくとも実質的な正義にかなう行動が、ここでいう直接行動の定義とすれば、条例を制定することで「直接行動」ではなくなってしまうことになる。しかしながら、筆者は、自治体行政スタイルの特質としての直接行動とは、法の根拠を要さない公共事業の実施などがそれにあたると考える。さらに、このことを前提にしながらも、長期間にわたる公共事業の実施などは、基本的に単年度の「予算」という形式で規律するだけでなく、継続的な効力を有する条例に根拠を置くべきと考えている。このように考えれば、従来の「直接行動」の多くは条例と親和性をもつといえる。すなわち、法（条例等）に根拠をもたない直接行動もまた許容されるものの、その範囲は、現状に比べて格段に狭められることが期待されるのである。

では、このような方向に進めるためには何が壁で、それをどのように乗り越えていったらよいのだろうか。この点に関して、さらに具体的に検討してみよう。このような検討が説得的でない限り、「実務は動かない」現状を打破できないであろうと考えるからである。

まず、要綱を積極的に評価する見解を整理してみよう。この点に関しては、北村喜宣教授が次のようにコンパクトにまとめているので、これをみる(『自治体環境行政法(第二版)』四二〜四四頁)。

① 目立たずに行政対応したい。
② 違法かもしれないが対応したい。
③ 議会対策が楽である。
④ 議会で後退するよりも、実をとりたい。
⑤ 行政訴訟を回避したい。
⑥ 迅速な対応が必要である。
⑦ 無制約な行政裁量を確保したい。

次に、これらの見解に対する反論を試みるが、その結論を最初に述べると、行政といっても長と職員とでは思考法が異なるはずであるが、上の行政の論理はほとんどが職員の発想からきていると考えられる、ということである。このような「職員自治」が要綱行政の源であり、このような現状を改革し、長と議会の政治過程に自治体政策の方向性をゆだねることが住民自治の本質であろうと筆者は考える。以下、その理由を述べる。

第一に、①の動機であるが、住民の直接選挙で選ばれる長が、行政対応するに際して目立たないほうがよいと本当に考えるのであろうか。何も対応しないのならばともかく、対応策をとる以上、住民に対してアピールしたいと考えるほうが自然である。

そして、第二に、このような対応は、②のように（形式的には）違法かもしれないのである。それでも対応するからには、目立たないわけにはいかないのではないか。

第三に、③および④の議会との関係であるが、これは議会の見方にかかわるであろう。議会が大切だと思えば、たとえ手間がかかろうともその理解を得ようとするだろうし、本音のところでそのように考えていないならば、なるべく回避しようとする方向に向かうだろう。この点に関しては、長も職員も同様の思考法に立つのかもしれない。そして、その理由が④のようなものであるならば、長の政治的意思として尊重すべきものといえる。条例という（法）形式よりも要綱の内容を重んじるという選択は、住民から直接選出される長の政治的判断としてありうるものと考えるものである。筆者は、このような理由である限り、長の要綱行政を肯定的に評価する。ただし、当然のことながら、判断の主体は長であり、職員の判断ではありえないことに注意が必要である。

第四に、⑤のように、要綱に基づく行政指導であれば違法であるとして訴訟を提起されない、ということにはならない。違法な行政指導は、その根拠が要綱であろうがなかろうが、訴訟によって争われるし、一方、条例に基づく行政指導も可能である。むしろ、条例に根拠を有する行政指導のほうが住民に対して効果的であるし、訴訟の場でも適法とされる余地が高いのではないだろうか。

第五に、⑥のように、要綱は条例に比べて迅速に策定できる。何らかの対応が求められる状況のなかで要綱を迅速に策定するのであれば、要綱の積極的評価が可能である。ただし、現実は、要綱は迅速に策定されていないし、緊急の状況が去った後も漫然と運用されがちである。要綱には議会や住民のチェックがかからない分だけ、その見直しの契機が失われがちである。つまりは、⑦のように行政の無制限の運用に任されることになる。しかも、緊急性がなくなってからの運用には、長が政治的な判断をする余地も薄らいでおり、担当職員による独断的運用になりやすいものといえる。行政裁量とは、法的には長（執行機関）の裁量を意味するが、実際の運用は職員の裁量である場合がほとんどである。すなわち、要綱を積極的に評価する見解は、要綱を支持する本質的な主張ではなく、職員の本音・正直な気持ちの表れにすぎないのではないだろうか。

そして、付言すれば、職員の本音としては、要綱でも条例でもその政策内容は同様であり、条例にした場合、ただその制定手続だけが面倒になるということでもありそうである。首長と議会が激しく対立しているような政治状況であればともかく、そうでなければ首長が要綱で政策を実現したとしても、議会軽視という批判の声は議会から出にくいし、逆に、条例で政策を実現したとしても、要綱との差異が生じにくい。長と議会との間の緊張感が希薄であれば、あえて条例化を求める声は、住民や議会から強く出ないだろう。そこで、職員にとっては、条例化もまた「行政手続」の一環のように受け止められているのではないだろうか。

要するに、条例によって自治体を動かすということは、長と議会を中心とした政治主導で政策決定を行うことを意味している。分権時代には、このような行政スタイルで職員による「実務を動かす」ことが期待されているといえる。

なお、条例の機能という面から検討した場合、条例化すべきは行政（職員）の行為規範としての要綱だけではなく、自治体（行政）計画や、大規模公共事業などの事業主体としての自治体の行為の基本原則もまた、条例によって定めておくことが望ましい。

6　自治体の条例化戦略と条例

自治体の条例化戦略にとって、条例と要綱のどちらを原則とし、どちらを例外とするのかは、大きな岐路である。この岐路の選択にあたって、本章の主眼は、条例を原則とすべきというものである。条例には「現代的法治主義」の現れとしてさまざまなタイプのものがあってよいし、そのさまざまなタイプを理解すれば、自治体政策を条例にできないといったことはありえない。そして、このような考え方が、「計画―指導―直接行動」といった自治体行政モデルに適合的であると考えられる。

しかしながら、政策実現の手法は条例だけではないのであるから、住民に対して具体的な義務を課し、または権利を付与しないような事項までは条例化しない、といった自治体の選択も当然ありうる。むしろ、このような考え方が多くの自治体職員の思考法であろうことはすでに述べたところである。

とすると、やはりさまざまなタイプの条例化の対象に対し、どういったタイプであれば条例にし、そうでなければ条例にしないといった、自治体の方針が必要になる。法規たる条例のみ制定をめざすのがひとつの条例化戦略であり、一方、法規的性質を有さない事項であっても条例化を進めることもひとつの条例化戦略である。

どちらの戦略を採用するかはそれぞれの自治体の選択であるが、選択の主体はあくまで「自治体」であって、「自治体行政」ではない。ましてや自治体職員ではないことは当然である。つまりは、住民がどのような事項をあらかじめ条例として定めておくべきなのかを自覚的に選択できるよう、行政（職員）は選択肢を示しておくことが求められる。

そして、この結果制定されるべきは、「条例化戦略のための条例」である。また、条例化戦略とは住民による自治の過程そのものであり、条例化戦略のこのような側面に注目するならば、条例化戦略のための条例とは、住民自治に関する基本条例（自治基本条例）の一要素であるといえる。自治基本条例の定めうる内容は、自治法の詳細な組織規定に埋没し、もはや条例に規定すべき事項がないともいわれるが、実はそのようなことはない。条例化戦略といった事項のほかにも、行政評価、パブリック・コメントなど住民にとって重要な事項はまだまだ存在しよう。要は、このような事項を開拓する努力が不十分であるにすぎないのではないだろうか。

なお、本章の作成にあたっては、「かながわ政策法務研究会」、(財)地方自治総合研究所「地方分権一括法施行後の法的環境研究会（法環研）」の席上貴重なアドバイスをいただいた。記して感謝申し上げたい。

参考文献

○阿部泰隆『行政の法システム（下）〔新版〕』（有斐閣、一九九七年）
○今村都南雄編著『自治・分権システムの可能性』（敬文堂、二〇〇〇年）
○宇賀克也編著『地方分権／条例制定の要点』（新日本法規、二〇〇〇年）
○大橋洋一『現代行政の行為形式論』行政法研究双書七（弘文堂、一九九三年）
○雄川一郎・塩野宏・園部逸夫編『現代行政法体系八　地方自治』（有斐閣、一九八四年）
○兼子仁『自治体・住民の法律入門』（岩波新書、二〇〇一年）
○木佐茂男・五十嵐敬喜・保母武彦編著『地方分権の本流へ』（日本評論社、一九九九年）
○北村喜宣『自治体環境行政法（第二版）』（良書普及会、二〇〇一年）
○小早川光郎編著『地方分権と自治体法務―その知恵と力』（ぎょうせい、二〇〇〇年）
○塩野宏『行政法Ⅰ（第二版）』（有斐閣、一九九四年）
○地方自治制度研究会編『Q＆A改正地方自治法のポイント』（ぎょうせい、一九九九年）
○地方六団体地方分権推進本部『「地方分権時代の条例に関する調査研究」の中間まとめ』（二〇〇一年）
○松本英昭『新版逐条地方自治法』（学陽書房、二〇〇一年）

第5章　自治基本条例――自治体法の体系化

1　はじめに

分権時代は、自治体と住民によるガバナンス（共治）の時代であるべきである。それぞれの地域から独自の事情を反映した政策が多数生まれ、これらが条例として実を結ぶことが期待される。そして、これらが現実のものになれば、こういった政策のよるべき基本的な考え方が、住民にとって見通しよく配列されることが求められる。自治基本条例は、このための有効なツールになりうる。そして、このことと同時に、自治体は、自治基本条例の制定をめざすことで、自治体政策の条例化を促進することもできるであろう。

ところで、「自治基本条例」という用語が一般化したのは最近のことである。その前身は、「都市憲章条例」であった。一九九五年にはじまる、地方分権推進法に基づく地方分権推進委員会の活動の進展とともに、「自治基本条例」という言い回しが定着していった。この背景には、自治権の基本となる条例制定の必要性は都市固有の課題ではなく、都道府県を含む全自治体の課題であるという認識が広がっていったことによるものと思われる。この先駆けは、群馬県企画課における政策研究会の成果「群馬県自治基本条例」制定の提言である（一九九六年三月)。この時以降、いくつかの都道府県においても自治基本条例を制定しようという動きが加速していく。

一方、このような自治基本条例の前身である「都市憲章条例」は、なぜ日の目を見ることなく幻に終わったのだろうか。その内容と社会的背景を検討することで、現在、全国各地で取り組まれている自治基本条例づくりに対する着眼点、および「未完の分権改革」といわれる今般の分権改革を、完成に向けて押し進める視点を提供することができるものと考える。

名称こそ違うが全国初の自治基本条例といえるのは、「ニセコ町まちづくり基本条例」(北海道)である。このルーツともいえる川崎市都市憲章条例案および逗子市都市憲章条例(一試案)を、ニセコ町条例とも比較しながら解題してみたい。

2　川崎市都市憲章条例案

(1)　経　過

○一九七一年四月　都市憲章制定を市長選挙の公約に掲げた伊藤三郎氏が市長に就任。
○一九七三年二月　「都市憲章起草委員会」(委員長：小林直樹・東京大学教授)による「都市憲章原案」の答申。
○同年6月　市長、定例市議会に都市憲章条例案を提案。審議未了、廃案。
○同年9月　市長、定例市議会に都市憲章条例案を再度提案。否決、廃案。

当時の川崎は、大気汚染を中心とする公害がまん延する市であった。高度経済成長の牽引都市でありながら、一方、臨海部では、洗濯物を外に干せば工場からの煤煙で真っ黒になってしまうような地域であった。このようななか登場したのが、「青い空・白い雲」の復興を選挙公約に掲げ、保守対革新の激しい選挙戦を経て当選した伊藤三郎・革新市長である。これに対し、議会の多数派は保守系会派であり、政治的な環境を考えるとき、川崎市都市憲章条例を成立させる条件に欠けていたといえる（この経過の詳しい内容は、伊藤三郎『ノミとカナヅチ』九〇頁以下参照）。

(2) 内　容

前文
第一編　平和・市民主権・自治（都市存立の基礎条件）
　第一章　都市の平和（一～三条）
　第二章　市民主権・自治（四～一三条）
第二編　「人間都市」川崎の創造（都市づくりの基本構想）
　第三章　川崎市の未来像（一四～一六条）
　第四章　市民の生活（一七～二一条）
　第五章　市民の環境（二二～三〇条）
　第六章　市民の福祉（三一～四〇条）
　第七章　市民の文化（四一～四七条）

第八章　都市の建設（四八～五五条）
第九章　市の役割と責務（五六～五八条）
第三編　最高性・改正
第一〇章　改正（五九条）
第一一章　最高条例（六〇条）

＊　条文の全文は、巻末「資料一」を参照

「都市憲章」とは、一言でいえば、都市特許状のことである。都市の自治を国王や植民地総督が認め、授権したという欧米の歴史に由来する。そして、都市憲章には、①団体規約型憲章、②宣言型（市民）憲章、③基本原理型憲章の三種があるといわれる。

第一に、団体規約型憲章とは、自治体の組織を定めるものである。アメリカのモデル都市憲章（第七版、一九八九年）は、次の内容を定めている（西田裕子「都市憲章、自治基本条例とは何か」『自治立法の理論と手法』七四頁参照）。

第一章　市の権限
第二章　市議会の権限と仕事
第三章　市支配人の権限と仕事
第四章　行政部局の組織、権限と仕事
第五章　財務手続

第六章　選挙、イニシアティブ、レファレンダム等の直接参加制度
第七章　一般規定
第八章　憲章の改廃手続
第九章　経過規定

第二に、宣言型（市民）憲章とは、総合的都市計画の世界的モデルを提起した「アテネ憲章」（一九三三年）や、人間・平和都市づくりのビジョン・モデルを提起した「デロス宣言」（一九六三年）のようなものである。日本でも、「国際観光都市」、「非核平和都市」、「健康都市」などを標榜する自治体憲章が定められている。

第三に、基本原理型憲章とは、その規定内容が市政の法的な「基本原理」を定めるものである。市政に対する市民の権利や行政の義務などが規定されることになる。後に、逗子市条例一試案を例にし、具体的に内容を検討することにする。

本章でも、この三つのタイプ分けを前提に議論を進める。さらに、辻山幸宣教授は、このようなタイプ分けとともに、法律による授権の有無という観点を加味した分類をしている（「自治基本条例――地方自治の新展開」月刊地方分権二四号（二〇〇一年）四〇頁以下）。本章でも、これにならうことにしよう。

日本の場合、法律（地方自治法）が自治体憲章の存在を認めていないので、授権（・団体規約）型憲章の制定はありえない。そこで、これまでは、自治体の目標としての宣言型憲章が制定されてきた。しかし、昨今の自治基本条例は、このような宣言型憲章にあきたらず、基本原理型・（非授権）団体規約型憲章の制定をめざすものといえる（もっとも、「非授権」（言い換えれば「授権の範囲」）の問題に関しては検討が必要である。さしあたり、横田清

『アメリカにおける自治・分権・参加の発展』二三一頁以下が参考になる）。すなわち、憲章の理念に、住民との関係では法的効果を、自治体行政組織との関係では自己拘束効果を与えることを構想しているように思われる。

ともあれ、川崎市条例案にあっては、このような傾向は顕著ではない。「前文」、一一条（市民の責務）、第三章（川崎市の未来像）などは宣言型であるし、また、第四章（市民の生活）～第八章（都市の建設）における権利のカタログは、自治体運営の基本原理というには個別行政分野の原則に傾きすぎ、なおかつ国政への要望が少なくない。基本原理といえる規定は、第二章（市民主権・自治）の多くと第九章（市の役割と責務）にとどまっている。条文のボリュームから条例案の性格を規定するとすれば、人権保障型の第四のタイプであるともいえるかもしれない。

憲法の理念を自治体政策に生かすため、自治体版憲法をつくろうとするが、法令の壁に阻まれ、自力で乗り越えることができない。この場合、自力で可能な道を探るか法令改正を迫るかという選択があるが、後者を選んだのが川崎市条例案であるといえる。

3　逗子市都市憲章条例（一試案）

(1)　経　過

○一九八四年一一月　「池子米軍住宅建設に反対して自然と子供を守る会」事務局長・富野暉一郎氏、市長に当選。

○一九八八年一〇月　富野暉一郎氏、市長再選。

○一九九二年三月　「逗子市都市憲章調査研究会」（代表：兼子仁・東京都立大学教授）による「〝逗子市

都市憲章条例〟を考える」の報告。
○同年一一月　富野氏辞職。富野氏の後継として、沢光代氏、市長就任。
○一九九三年三月「逗子市都市憲章制定検討研究会」（代表：寄本勝美・早稲田大学教授）による報告書の提出。
○一九九四年一二月　沢市長辞職。対立候補であった平井義男氏、市長就任。
○一九九五年一月　都市憲章事業ほかの凍結。

逗子市都市憲章条例制定への試みは、富野暉一郎・元市長の強いリーダーシップの下で推進された。この背景には、池子米軍弾薬庫跡地問題があった。池子米軍弾薬庫跡地問題とは、一九八二年八月、国が逗子市池子の旧池子弾薬庫地域に一〇〇〇戸程度の米軍住宅を建てたいと公表したところから始まった問題である。市長就任前の富野暉一郎・元市長は、この反対運動のリーダーであった。市長就任後は、国や神奈川県との交渉のなかで、市の自治権などについて大いに考えることがあったものと思われる（これらの経緯については、富野暉一郎『グリーン・デモクラシー』が詳しい）。

安保問題に絡めた米軍住宅建設問題、池子の森を環境保護の観点から保全しようとする運動など、逗子のまちづくりの基本的な方向を法的にしっかりした方針の下に行いたいという考え方が、逗子市都市憲章条例制定への動きにつながっている。この試みは、その後、沢光代市長に引き継がれるが、条例試案の内容の市民共有化・市民ＰＲのさなかに市長が交代し、以後凍結に至った。

⑵　内　容

「逗子市都市憲章制定検討研究会」報告（一九九三年三月）は、憲章条例案の策定過程が重要であるとの認識から、起草手続に関する提言といった性格が強い。したがって、条例案の内容は、「逗子市都市憲章調査研究会」報告（一九九二年三月）に盛られた「逗子市都市憲章条例（一試案）」であり、ここでは、この内容を検討することにする。なお、ここで「一試案」というのは、条例案自体が広範な市民の参加の下で作成されることが期待されているのであり、決して「原案」ではないということを示すものであるからとされている（同報告書一五頁）。

前　文
第一章　地球と人にやさしい市民自治都市（一～五条）
第二章　地球市民（六～八条）
第三章　市民主権と民主創造市政（九～一四条）
第四章　市民の人権と共生（一五～二八条）
第五章　逗子のまちづくり（二九～三三条）
第六章　本憲章の地位および改正（三四～三七条）

＊　条文の全文は、巻末「資料二」を参照

逗子市条例一試案は、市政の基本原理型憲章であることを明確にめざしたものである（三四条）。そして、この法的な効果は、「市におけるすべての立法および行政に生かされなければならない」（三六条一項）ものであり、また、「市にかかわる国等の法規の解釈・運用においても十分に生かされるものとする」（同条二項）ものである。

ニセコ町条例など今日の自治基本条例は、基本的な性格を、自治体と住民との関係を定める基本原理型としつつも、「情報」・「参加」・「アカウンタビリティ」などをキーワードに、国の授権とかかわらない領域で団体規約型憲章的要素も取り入れつつある。これに対して、逗子市条例一試案は、国との関係に言及しない基本原理型憲章という明確なコンセプトに基づく条例構想であることが特徴である。

4　自治基本条例の制定および改正手続と条例の法的位置づけ

(1)　制定および改正手続

まず、川崎市条例案は、国との対決を全面に打ち出した挑戦的条例案であった。革新市長としての政治的な姿勢を明らかにするという意味ではわかりやすい条例案であったと考えられる。国との対決に勝つためには、法律の上位に立つ憲法のように、都市憲章は、最低限一般の条例の上位に立つ条例であることが求められる。それではじめて法令の規定を超える必要条件を満たすことができる。そこで、改正手続において、場合によっては住民投票の実施を義務づける（五九条）とした。しかしながら、制定手続では一般の条例同様、議会の絶対多数議決（過半数議決）でよしとしているのは、バランスを失しているといわざるをえない。憲章制定でも住民投票を実施するとしたほうが首尾一貫するし、何より政治的に不利な議会構成に対して、条例成立の可能性を拡げることができたのではないだろうか。このような動きが見られなかったのは、残念ながら、住民投票に関しての研究実績が乏しく、住民自治が今日ほど発展していなかった時代の産物であったからであろう。

次に、逗子市条例一試案は、米軍住宅建設（池子弾薬庫跡地）問題に端を発し、その後、自然環境、まちづくり、市民自治などへの広がりをみてきた富野市政の集大成といった趣がある。川崎市条例案の内容・経緯から学んだことも多く、条例案作成に向けた市民参加にも大いに配慮し、一般の条例とは異なる重みを与えようとしている。しかしながら、条例制定への推進力が市長主導であることに変わりはなく、富野市長の辞職とともに急激に力を失っていったように思われる。なお、改正手続は、議会の三分の二以上の特別多数議決とともに、場合によっては、川崎市条例と同様に住民投票も義務づけられるものとしている（三七条）。

これらに対して、ニセコ町条例は、改正手続に関し特段の定めを置いていない。条例制定に関して住民投票を実施しない以上、改正もまた一般の条例と同様という整理であろうと思われる。自治法では、特別多数議決を要する事件を限定列挙していると解されるところから（自治一一六①）、あえて論争的な規定とすることを避けたものと考えられる。

(2)　条例の法的位置づけ

まず、川崎市条例案では、「最高条例」としている（六〇条）。自治体版憲法を強く意識したものである。ただし、これだけでは法令との優劣関係における法的位置づけが不明である。このことに関しては、殊に、都市の自治権を固有権としている規定（五条一項）と、自治権侵害に対する抵抗権を定めている規定（同条二項）と相まって、法令の規定に優越する効力を条例案に与えているように思われる。しかし、自治体は、「法令に違反しない限りにおいて……条例を制定することができる。」（自治一四①）のであるから、このような規定を条例で定めても、法律に反するため無意味である、といった有力な批判が当時からあった（原田尚彦「地方自治の現代的意義と条例の機能」『現代都市と自治』ジュリスト増刊総合特集一（有斐閣、一九七五年）六五頁本文および脚注一四）。

次に、逗子市条例一試案では、この点に関し整理がなされている。国の法令との関係は捨象し、「市のすべての自治立法に対し」てのみ、優先する法的地位を有するにとどまるものである（三四条）。もっとも、この条例の原理に反して、他の条例が制定・実施されたとしても、それが違法であるとまでいえるかどうか疑問である。他の（分野別）基本法・条例と、個別法・条例との関係にも当てはまる問題であり、重要な論点を含んだ指摘であるといえる。政治的な宣言にとどまり、法的な効力までも有さないとする見方も成り立とう。

これらに対して、ニセコ町条例はさらに謙抑的である。他の条例等の制定・実施の際の尊重義務にまで身をひいている（四三条）。法令との関係に触れることは意識的に避けたものと思われる。ただし、この条例に定める内容に即して分野別の基本条例を定め、個別条例等の体系化を図ることを努力義務とすることで、他の条例等の上位条例であることを宣言している。

5　現代型自治基本条例に期待すること

都市憲章条例（案）または自治基本条例の内容は、未分化な状態（川崎市案）から基本原理型（逗子市一試案）を経て、基本原理プラス団体規約型（ニセコ町）に変化してきたというのがこれまでの歩みといえる。しかし、日本における自治基本条例の原型ともいえる川崎市条例案の人権保障型ともいえる個別行政領域規定からも、まだ学ぶべき事項はあるように思える。

筆者は、最近まで、自治体で生活保護行政の第一線の業務に携わっていたので、この分野を例に取り上げてみよう。まず、何よりも、生活保護といった個別行政分野が都市憲章条例（案）といった「最高条例」に取り上げられていることに新鮮な驚きを感じる。しかも、この行政分野は、当時は機関委任事務であり、自治体が裁量的に実施することは困難と考えられていたところである。

次に、条文の内容であるが、川崎市条例案は、「市長および市議会は、生活に困窮し保護を必要とする市民のために、生活保護の最適化を国に要求するとともに、生活の自立と安定を促進するよう適切な措置を講じなければならない。」（四〇条）と規定している。

前段は、国への要求を市長および市議会に義務づけるものである。その要件である「生活保護の最適化」は多義的でわかりにくいが、もし、この内容が定まったとすれば、市長および市議会が国に要求しないのは違法ということになる。

しかしながら、この条文の重要な点は、むしろ後段にあると考える。すなわち、「市長および市議会は、……生活の自立と安定を促進するよう適切な措置を講じなければならない。」のだから、これは自治体に課せられた作為義務である。生活保護の現在の課題としては、ホームレスや在留資格切れ外国人に対する保護適用の問題がある。地域を自治の単位として自治体行政は行われるのであるから、生活の本拠地が把握しにくいホームレスに対する保護適用に自治体は及び腰である。だが、自治基本条例（都市憲章条例）にこのような規定があれば、何らかの措置を講じないわけにはいかないであろう。このことは、川崎市の現在の課題そのものであるといえる。

もっとも、この不作為を是正する手続が法的に整備されているわけではないので、実効性の確保という観点から規定の問題点を指摘することができる。しかし、憲章条例（自治基本条例）の性質から、この点はやむをえないものであろう。行政の義務履行確保に関する条例規定のあり方について、より一般的な法理論の構築が求められているものである。

自治体版憲法志向型条例は、自治基本法（もしくは地方自治法）といった法律によって授権されない限り合法に成立しえないであろうが、法律と条例の関係を正面から論じ、条例に規定してしまうという冒険もまた、日本の地方自治史という大きな流れにとっては必要な実験かもしれない。「地方自治の本旨」（憲法九二）を具体化した規定として新地方自治法一条の二（自治体の役割と国の配慮）、同二条一一～一三項（国の法律の立法・解釈運用原則）をとらえるとき、個別法の解釈もまた従来とは異なってこよう（詳しくは、北村喜宣「新地方自治法施行後の条例論・試論（上）（下）」自治研究七六巻八、九号（二〇〇〇年）各四二、六六頁以下、山口道昭「地方自治法の一般原則と個別法規定――自治事務を中心に」『自治・分権システムの可能性』六五頁以下を参照願いたい）。

ただし、法律との関係で冒険するのであれば、こういった冒険が必要であるほどの差し迫った地域課題があることが前提になる。それでも、自治体によっては、すでに高い投票率で住民投票が実施された実績もあり、こういった冒険が必要な自治体が増えつつあるように思える。次は、このような自治体が、より先進的な内容をもつ自治基本条例づくりへ挑戦していくことを期待したい。川崎市条例案が発表された一九七三年当時とは、地方自治を取り巻く環境は、制度的側面を含め大幅に進展しているのだから。

〔参考文献〕

○伊藤三郎『ノミとカナヅチ―人間都市づくりの一〇年』（第一法規、一九八二年）
○今村都南雄編著『自治・分権システムの可能性』（敬文堂、二〇〇〇年）
○木佐茂男編著『自治立法の理論と手法』（ぎょうせい、一九九八年）
○「特集　自治基本条例と市民参加条例」地方自治職員研修四七九号（二〇〇二年）所収各論文
○「特集　自治憲章入門」月刊自治研四六〇号（一九九八年）所収各論文
○富野暉一郎『グリーン・デモクラシー』（白水社、一九九一年）
○㈶日本都市センター編『分権型社会における自治体法務―その視点と基本フレーム』（二〇〇一年）
○横田清『アメリカにおける自治・分権・参加の発展』（敬文堂、一九九七年）

第6章　パブリック・コメント条例——行政コントロール条例

1　はじめに

インターネットの普及により、国や自治体の情報は、低廉な費用で国民（住民、世界中の人々にまでも）に届けられるようになった。同時に、Eメールなどを利用して、国民等の意見もまた、国や自治体に容易に届けることが可能になった。

このような技術的基盤の上に立つとき、国や自治体と国民等の関係をどのように変革すべきだろうか。このところよく聞かれ、また、省庁や都道府県のホームページを見ると目につくようになったパブリック・コメントについて、横須賀市が二〇〇一年九月に制定したパブリック・コメント条例を解題することで検討を進めてみたい。

2　パブリック・コメント制度の理念・目的

パブリック・コメント（以下、「ＰＣ」という。）制度とは、どのようなものであろうか。もとより、新たな制

図表6－1　パブリック・コメント制度創設の経緯

年月	事項
1997/12	行政改革会議、最終報告においてＰＣ制度創設について提言。
1998/ 3	政府、規制緩和推進３か年計画を閣議決定。
/ 6	中央省庁等改革基本法、ＰＣ制度について規定（50条２項）。
1999/ 3	政府、ＰＣ制度を閣議決定。
/ 4	政府、ＰＣ制度を実施。
2000/ 4	滋賀県など数県がＰＣ制度を要綱等により実施。
2001/ 9	横須賀市、ＰＣ条例を制定（2002年４月施行）。

度であるから、確固とした枠組みが定まっているものではない。しかし、国がこの制度を実施してからすでに三年が経過し、自治体でも同様の試みがなされてきた（［図表6－1］）。これらの経過をふまえるとき、ある程度共通のイメージが形成されてきたといえる。これらのイメージを頭に入れた上で、これから取り上げる各ＰＣ制度の相違点について、理解を深めていきたい。

まず、国のＰＣ制度については、やや論調の違った二つの流れがあるように思われる（［図表6－2］）。第一は、行政改革会議→中央省庁等改革基本法と連なる流れであり、「政策形成に民意を反映し、並びにその過程の公正性及び透明性を確保するため、重要な政策の立案に当たり」（中央省庁等改革基本法五〇条二項）行うＰＣである（「重要な政策」型）。第二は、「規制の設定又は改廃に伴い……、国民等の多様な意見・情報・専門的知識を行政機関が把握するとともに、その過程の公正の確保と透明性の向上を図る」（国のＰＣ制度）ために行うＰＣである（「規制緩和」型）。国の採用したＰＣ制度は、「規制緩和」型といえる。

次に、自治体のＰＣ制度は、国のＰＣ制度の影響を強く受けながらも、「重要な政策」型の流れに乗ろうとしているものと思われる。これについては、後に詳しくみることにしよう。

図表6－2　国のパブリック・コメント制度の定義

事　項	パブリック・コメント制度の定義
行政改革会議最終報告	各省が基本的な政策の立案等を行うにあたって、政策等の趣旨、原案等を公表し、専門家、利害関係人、その他広く国民から意見を求め、これを考慮しながら最終的な意思決定を行う制度。
規制緩和推進3か年計画	規制の制定、改廃に係るパブリック・コメント手続 。
中央省庁改革基本法	政策形成に民意を反映し、並びにその過程の公正性及び透明性を確保するため、重要な政策の立案に当たり、その趣旨、内容その他必要な事項を公表し、専門家、利害関係人その他広く国民の意見を求め、これを考慮してその決定を行う仕組み。
パブリック・コメント制度	規制の設定又は改廃に当たり、意思決定過程において広く国民等に対し案等を公表し、それに対して提出された意見・情報を考慮して意思決定を行う提出手続。

＊　下線は、筆者による。

図表6－3　国のパブリック・コメント制度の主な流れ

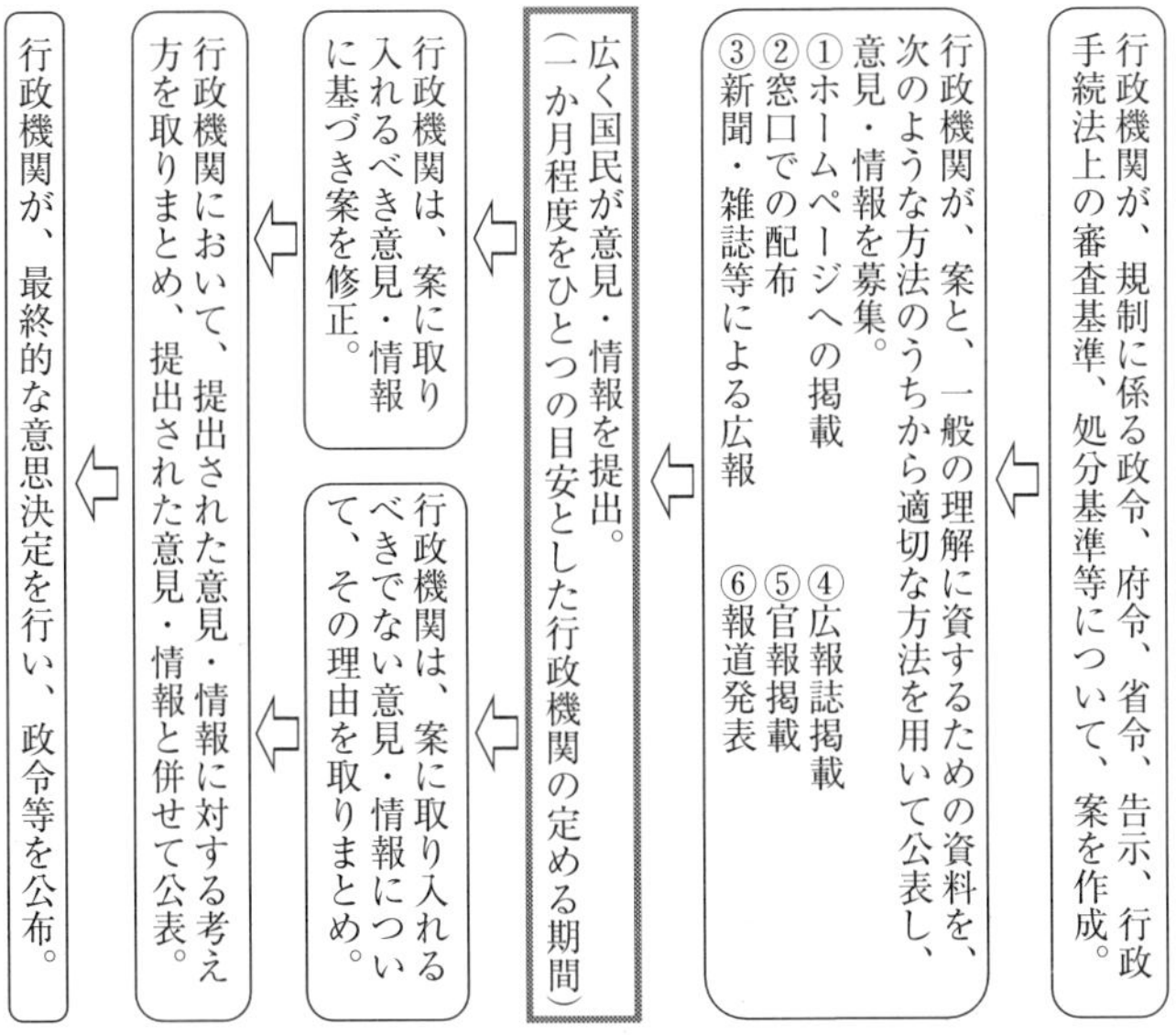
行政機関が、規制に係る政令、府令、省令、告示、行政手続法上の審査基準、処分基準等について、案を作成。
行政機関が、案と、一般の理解に資するための資料を、次のような方法のうちから適切な方法を用いて公表し、意見・情報を募集。
①ホームページへの掲載
②窓口での配布
③新聞・雑誌等による広報
④広報誌掲載
⑤官報掲載
⑥報道発表
広く国民が意見・情報を提出。

（一か月程度をひとつの目安とした行政機関の定める期間）

行政機関は、案に取り入れるべき意見・情報に基づき案を修正。

行政機関は、案に取り入れるべきでない意見・情報について、その理由を取りまとめ。

行政機関において、提出された意見・情報に対する考え方を取りまとめ、提出された意見・情報と併せて公表。

行政機関が、最終的な意思決定を行い、政令等を公布。

出典：総務庁（当時）

3　国のパブリック・コメント制度

ＰＣ制度は、国が先行したことから、自治体の制度もおおむねこれにならっている。そこで、国の制度を概観することにしよう。

まず、この制度の目的は、「国民等の多様な意見・情報・専門的知識を行政機関が把握するとともに、その過程の公正の確保と透明性の向上を図る」ことにある。行政の公正の確保、透明性の向上という点では、行政手続法と同様である。

そして、その内容の主な点は、次のとおりである。第一に、対象事項は、規制の設定改廃にかかる政省令等である。第二に、公表資料は、案等の本体に加えて、当該案等を作成した趣旨・目的・背景、当該案等に関連する資料（根拠法令、当該規制の設定または改廃によって生じると思われる影響の程度・範囲等）、当該案等の位置付けである。そして、第三に、公表方法は、ホームページへの掲載、窓口での配付、新聞・雑誌等による広報、広報誌掲載、官報掲載、報道発表といったものである。

制度全体の仕組みは、行政機関の決定に際して国民の意見を聴取するというものであり、決定の主体はあくまで行政である。しかし、単に、国民に意見聴取の機会を提供するだけではなく、行政が取り入れない意見に対しても理由とともに公表するところが、従来のものと異なる新しい制度であるゆえんである。行政の応答責任の確立に資する制度であるといえよう。

図表６－４　自治体パブリック・コメント制度の対象事項

自治体名	対象事項								制度実施年月日
	権利義務規制（条例案を除く）	権利義務規制条例(案)	金銭徴収条例(案)	基本方針・基本計画等	基本条例(案)	公の施設の基本計画	大規模プロジェクト事業	その他	
岩手県	○	○		○		○			2000/4/1
新潟県	○			○					2000/4/1
福井県	○			○		○	○	○	2000/4/1
滋賀県		○		○					2000/4/1
群馬県	○	○		○					2001/1/1
鳥取市	○						○	○	2001/1/1
北海道		○		○	○				2001/4/1
神奈川県	○			○					2001/4/1
愛知県				○					2001/4/1
大阪府		○		○	○				2001/4/1
青森県	○	○		○		○			2001/4/1
三重県	○	○		○		○			2001/4/1
愛媛県				○	○				2001/4/1
熊本県		○		○	○	○		○	2001/4/1
埼玉県		○		○		○	○		2001/8/1
石狩市	○	○	○	○		○		○	2002/4/1
横須賀市	○	○		○	○			○	2002/4/1

＊　石狩市に関する○印は、ＰＣ手続を含む市民参加手続の対象。
出典：各自治体のホームページを参考に筆者が作成。

4　先進自治体のパブリック・コメント制度

自治体においても、［図表６－４］のとおり、いくつかの道府県市が、ＰＣ手続を制度化している（ＰＣ手続と称していても、任意の意見提出手続を必要に応じて実施している自治体を除く）。ただし、その多くは行政内部の規範である「要綱」等により実施しており、制度そのものを条例により実施している自治体はほとんどない。ここで取り上げる横須賀市および石狩市の制度が、例外的に条例化されたにとどまっているといえる。なお、群馬県要綱の根拠は、群馬県情報公開条例五条に規定されている。

これらの自治体の制度は、権利義務規制とともに、ほとんどの自治体が基本方針・基本計画等をも対象事項にするなどの点で、「重要な政策」型に接近している。「重要な政策」として、公の施設の基本設計や大規模プロジェクト事業、さらには、大規模イベント（福井県）、各種審議会等諮問事項（鳥取市）、政策評価案（熊本県）、環境配慮に関する行政指導事項（石狩市）、条例上の見直し条項にかかる不作為（横須賀市）等があげられるように、各自治体で特色が現れている。

なお、石狩市条例のＰＣ制度は、「石狩市行政活動への市民参加の推進に関する条例」の一部である。ＰＣ制度は、より上位の概念である「市民参加手続」の一部を構成している。したがって、市民参加手続を経ることが義務づけられた行政活動に関しても、必ずしもＰＣ手続が行われるとは限らない。しかし、本章では、石狩市条例にいう「市民参加手続」が、「市民の意見を反映した行政活動を行うため、その企画立案の過程において、期日その他必要な事項をあらかじめ定めた上で、市の機関が市民の意見を聴くことをいう。」（石狩市条例二条二項）ことにかんがみ、他自治体のＰＣ制度との比較の対象にした（なお、条例立案担当者の執筆した論文として、藤田正人「石狩市市民の声を活かす条例――市民参加に関する行政活動の『品質管理』ツール」地方自治職員研修四七九号（二〇〇二年）三九頁以下がある。）。

5　横須賀市のパブリック・コメント制度

さて、これまでに述べたことがらを基礎に置き、横須賀市ＰＣ条例（以下、「条例」という。正式名称は、「横須賀市市民パブリック・コメント手続条例」）の主だった規定を解題してみよう（条文の全文は、巻末「資料三」を参照。なお、条例立案担当者の執筆した論文として、出石稔「横須賀市市民パブリック・コメント手続条例――分権時代の自治体標準装備として」自治総研二七八号（二〇〇一年）一頁以下、同「横須賀市市民パブリック・コメント手続条例――パブリック・コメント制度の条例化」地方自治職員研修四七九号（二〇〇二年）三六頁以下などがある。）。

⑴　目　的

条例では、「市の市民への説明責任を果たすとともに、市民の市政への参画の促進を図り、もって公正で民主的な一層開かれた市政の推進に寄与することを目的とする。」（一条）としている。行政手続法（条例）と同様の「公正の確保と透明性の向上」（国のＰＣ制度）とは異なり、「市民参画」、「民主的」というように、市民参加的要素が強い規定になっていることがひとつの特徴である。

そして、これに関連して、参加（参画）する市民等の範囲を定めることが必要になったように思われる。条例によると、「市民等」とは、①市の区域内に住所を有する者、②市の区域内に事務所又は事業所を有するもの、③市の区域内に存する事務所又は事業所に勤務する者、④本市の区域内に存する学校に在学する者、⑤市に対して納税義務を有するもの、⑥ＰＣ手続に係る事案に利害関係を有するもの、である（三条二項）。行政が決定主体として、よりよい政策をつくるために市民等の意見を参考にするのであれば、意見の提出権者に制限は不要なはずである。これに対して、意見提出する市民等の範囲を画するのであれば、法的な拘束力までは有しないとしても、提出された意見を尊重すべき（政治的な？）配慮が、意見を求めた行政側に求められるものと思われる。条例の立案者は、後者を選択したものであろう。

⑵　対　象

条例では、①市の基本的な制度を定める条例、②市民生活又は事業活動に直接かつ重大な影響を与える条例、③市民等に義務を課し、又は権利を制限する条例（金銭徴収に関する条項を除く。）というように、条例案を中心に対象事項を定めている。横須賀市は、地方分権一括法に対応する条例整備に関しても、全市をあげての取組を展開した実績を有し（この取組は、宇賀克也編著『地方分権／条例制定の要点』に詳しく紹介されている。）、この延長線上にＰＣの対象事項があるように思われる。もっとも、条例だけでなく、規則、要綱、基本方針・基本計画、憲章・宣言等と対象事項は広い。

ここでの特徴を、二点あげる。

第一は、条例案を対象にする他自治体のＰＣ制度同様、金銭徴収に関する条項を対象外にしていることである（条例四条一号ウ）。他自治体と同様であることから特徴とはいえないという見方もあるが、自治体政策の条例化に最も積極的な自治体といえる横須賀市でさえ他自治体と同様であるということは、やはりひとつの特徴といえるであろう。なお、横須賀市条例と同時期に成立した石狩市条例は、金銭徴収に関する事項を市民参加手続の対象にしている。特筆すべき内容といえる。

ところで、横須賀市では、二〇〇一年六月四日～二五日までの間、条例案の策定に先立って条例素案を公表し、市民意見等を募集した。ここに寄せられた三四件の意見は、適宜要約した上、素案の項目ごとに整理し、これらに対する横須賀市の考え方とともに公表されている（横須賀市のＰＣに関するホームページ・アドレスは、http://www.city.yokosuka.kanagawa.jp/alacalt/cof/index.html である。ここでは、成立した条例とともに、そこに至るまでの詳細な資料が閲覧できる。）。金銭徴収に関する条項を対象外にすることについては、この市民意見でも取り上げられており、回答として横須賀市の考え方が示されている。これによると、①地方税の賦課徴収、分担金・使用料・手数料の徴収が自治法七四条一項の規定により条例の直接請求から除外されている、②金銭の徴収については（横須賀市）行政手続条例一二条二項四号の規定により名あて人に対する意見陳述手続を適用除外しているなど、金銭徴収にかかわる手続は当事者の意見を聴くことになじまないと考えられている、とのことである。

しかし、一点目の自治法の条項は、戦後間もない一九四八年の一部改正で加えられたものである。当時は、自治体を対象として、労働諸団体を中心とする地域的闘争の手段として、電気ガス税の廃止をはじめとする地方税の賦課徴収条例の改廃請求が行われており、このことに対応した措置であった（松本英昭『新版逐条地方自治法』二一二頁参照）。したがって、ＰＣの対象から外すことの理由づけとして、戦後立法としての直接請求からの除外規定を援用することは妥当とは思えない。また、二点目の行政手続条例の条項（行政手続法一三条二項四号が同旨）は、最終的に金額の多寡によって解決が可能であるという「金銭」の特殊性にかんがみて、行政効率の観点から事前手続の対象から外し、事後手続で対応するという選択がなされたものである（総務庁行政管理局編『逐条解説行政手続法』一四七頁参照）。したがって、この理由づけも、説得力を欠くものといえる。事実、石狩市では、率直に、「市が行う金銭の賦課徴収については、多くの市民が多大な関心を持っていると考えられます。」（「『市民の声を活かす条例』の考え方（暫定版）」（http://www.city.ishikari.hokkaido.jp/ssanka/kangaekata.htm）参照）との理由から、市民参加手続の対象事項に取り上げている。

思うに、行政としては、市民等の意見を聞いた以上、法的な義務がないにしてもこれに応えたいという政治的な意思が生じる。そこで、逆に、応えられない事項に関しては、もともと意見を聞かないというインセンティブが働きやすいものと思われる。横須賀市といえども、このような行政の一般的傾向に流されてしまったとみるほうが自然なように感じられる（前掲・出石「横須賀市市民パブリック・コメント手続条例」二〇頁も、「政治的・政策的」理由をあげている。）。しかしながら、条例は、施行後五年以内の見直し条項を有しており（条例附則三項）、前記「考え方」でも検討を約束している。今後の改正に期待したい。

第二は、昨今増えつつある条例中の「見直し条項」に関するものである。「見直し条項」は、前記のとおり、この横須賀市ＰＣ条例自体も有している。これは、自治体（行政）が見直しの結果、条例を改正しないこととする決定をする際にはＰＣが必要であるとしているものである（条例四条五項）。一般的に、行政の作為（制定、改廃等）に際してＰＣをすることは予想されるが、不作為（何もしない）に関してもＰＣを求めるというのは、たとえ限定的な場合であったとしても非常に特徴的な規定といえる。

このような制度をさらに進めれば、市民にＰＣの提案権を付与するということも考えられる。すなわち、「○○の案件については、市民の意見を聞いて欲しい。」という提案権の制度化である。直接請求制度（自治七四①）では、市民の側が条例案を作成する必要があるが、行政の不作為事項に関するＰＣ提案権ではこのようなことまで求められない点で、簡易な直接請求類似制度といえる。自治体は、ＰＣの結果に拘束されず、意見を聴取するだけにとどまるものであり、比較的容易にＰＣ提案を採用することができる。このための費用もまた少額であり、コスト・パフォーマンスは高いといえよう。この件に関しても、今後の条例の見直し結果に注目していきたい。

(3)　予　告

政策等の案の公表に関しては、国や先行した自治体の方法とほぼ同様である。しかし、条例では、政策等の案の公表に先立って「予告」の手続を設けていることが特徴である（条例七条）。政策案の内容はともかく、とりあえずどのような案件についてＰＣを実施しようとしているのかあらかじめ知らせることで、関係者に意見を述べるための心の準備を可能にするものである。

もっとも、条例の場合、政策等の案の公表から意見提出締切までの期間は二〇日間（条例八条）と、国や先行した自治体の一か月程度より短い。たしかに、実務的には、案の公表から意見提出締切日まで行政上の作業がストップしてしまうので、この期間を短縮したいところである。そこで、代替的に予告制度を設けたのかもしれない。しかし、本来の筋からいえば、政策等の案の公表から意見提出の締切の期間を十分に確保した上で、予告期間を別途設けるのが望ましいであろう。

(4) 構想または検討の段階のパブリック・コメント手続

条例では、「実施機関は、特に重要な政策等の策定に当たって広く市民等の意見等を反映させる必要があると認めるものについては、構想又は検討の段階で、条例に準じた手続を行うよう努めるものとする。」(一一条)としている。

ＰＣ制度は、行政手続の一環として、原案作成の終盤で、ある意味では淡々と市民等の意見を聴取するものである。このため、政策素案作成の早い段階で意見を述べたい市民にとっては物足りないと感じる向きもある。特に、これまで、一部の政策立案に際して早期の市民参加を図ってきた自治体の市民にとっては、ＰＣ制度の導入によって、早期の市民参加の機会がなくなってしまうのではないか、といった不安が生じないとも限らない。

もともと、ＰＣ制度は、対象事項に関して網羅的に、一定の手続の実施を義務づけるものである(浅いが広い参加)。これに対し、早期の市民参加は、制度というよりも事実上の取組であり、その対象は行政の広範な裁量のうちにある。行政が早期の市民参加を必要だと考えれば実施されるが、そうと考えなければ実施されない(深いが狭い参加)。このような行政裁量を制約する仕組みがＰＣ制度であり、両者の機能には自ずから違いがある。しかしながら、ＰＣの制度化によって、どうせ後にＰＣが用意されているのであるからと、行政が早期の市民参加機会を設けることを怠ることも懸念される。このような行政の怠慢に対してあらかじめ釘を差したのが一一条の努力義務規定であり、住民に距離の近い市町村ならではの規定といえる。

(5) 行政手続審議会

ＰＣ制度は、市民参加を目的としたものであるが、条例は、この制度のなかにさらに市民参加の制度を組み込んでいる。それが「行政手続審議会」である（条例一四条。以下、「審議会」という。）。審議会は、市長の附属機関（自治一三八条の四第三項）であり、横須賀市行政手続条例の運用等に関して意見を述べる（行手条例三八条）。ただし、横須賀市行政手続条例三八条一項各号は、「この条例」の運用等に関して意見を述べると規定しており、「この条例」にＰＣ条例が含まれないところから、行手条例から審議会の権能をみるとき、ＰＣに関するかかわりがわからない。

さて、細部ではこのような点を指摘することができるが、審議会そのものに関しては、第三者の目でＰＣ制度の運用状況を点検することを可能にする点で、積極的に評価される仕組である。だが、条文だけからは、どのような事項が審議会に報告されるのか不明である。ＰＣの実施一覧とともに、迅速もしくは緊急を要するものまたは軽微なものとして対象から外したものに関しては、その理由とともに公表することとされており（条例五条一号）、このような事項が審議会への報告事項になるものと考えられる。そうであるとするならば、こういった内容自体も条例中に規定したほうがよいといえよう。

〔参考文献〕

○宇賀克也編著『地方分権／条例制定の要点』（新日本法規、二〇〇〇年）
○北村喜宣「自治体版パブリック・コメントの可能性」地方自治職員研修四五二号（二〇〇〇年）
○総務庁行政管理局編『逐条解説行政手続法』（ぎょうせい、一九九四年）

○常岡孝好「パブリック・コメント制度に関する私的コメント（上）（下）」自治研究七五巻四号・六号（一九九九年）
○「特集② 規制に係る意見提出（パブリック・コメント）手続」ジュリスト一一五九号（一九九九年）所収座談会および論文
○「特集 パブリック・コメント制度」月刊広報五七九号（二〇〇〇年）所収各論文
○松本英昭『新版逐条地方自治法』（学陽書房、二〇〇一年）

第7章　行政執行と争訟法務

1　はじめに

膨大な行政活動のうち訴訟として現れる事案は、ごく少数である。多くの行政活動は適法・正当なものであり、住民の了解を得て執行されている。また、一部は、正当性に疑問の余地があるものの適法の範囲を逸脱したとまではいえないような、行政裁量に守られた活動もある。そして、違法・不当であり、住民によってその行政活動が許されないと判断されたものだけが、訴訟として表層に現れるのである。

このように考えると、違法・不当であっても、何らかの事由により、住民によってその行政活動が許されないと判断されず、訴訟にならない事案があることになる。このような事案はどういった行政分野に現れやすいのか、また、それはなぜなのか、といったことを考察することが、政策法務論とりわけ争訟法務論の課題になる。

本章では、ひとつの行政分野ではあるが事例を取り上げ、これを基に仮説を提起したいと考えている。行政分野としては、筆者がかつて実務として携わっていた生活保護行政を取り上げる。仮説全体の検証は、他日を期したいと考えている。

2　機関委任事務（法定受託事務）と地域裁量

地方分権一括法による新地方自治法の施行は、二〇〇〇年四月のことである。この結果、自治体で処理する事務は、自治事務と法定受託事務という二区分に変更され、いずれも自治体という団体の事務になった。国の事務の一部を自治体の長などが国の機関として受任するといった理論構成をとる機関委任事務は、制度として消滅したのである。

このことによって、自治体では、従前の機関委任事務で法定受託事務になった事項に関しても、「地域における行政」（自治法一条の二第一項）、「地域における事務」（同二条二項）という観点から積極的な取組をすることが期待される。しかしながら、従前の機関委任事務に対しても、これまで一切地域裁量が働く余地がなかったかというとそうでもない。自衛官募集、外国人登録法による指紋押捺、そして、沖縄県におけるアメリカ軍駐留軍用地強制収用といった事務に関しても、その当否はともかく、自治体が地域裁量を発揮した実績がある。

しかし、ここでは、上のような政治的争点となった事例ではなく、いま少し身近な行政の例として生活保護を取り上げ、その行政の実態と（機関委任事務時代の）訴訟について素描する。これらの事例から学ぶことで、自治体における訴訟に対する見方および対応が、いっそう住民本位に転換することを期待したい。

3　生活保護訴訟の動向

生活保護行政に関する著名な訴訟は、なんといっても朝日訴訟（最判大法廷一九六七・五・二四）である。この判決に含まれる論点はいくつかあるが、その最大のものは、生活保護基準が国民の健康で文化的な最低限度の生活を営む権利を保障したものかどうかという憲法二五条に関するものであったように思われる。裁判は、原告・朝日氏の死去を契機に終結するが、現実の生活保護行政に与えた影響は非常に大きなものであった。すなわち、保護基準算定方式の改善を含め、保護基準の大幅な上昇である。

さて、このような社会的意義を有した朝日訴訟であるが、訴訟の場においては、原告側の主張はことごとく退けられている。したがって、憲法の保障する生存権の保障といった憲法学的な見地からは、朝日訴訟では得るものが少なかったといえるであろう。

ところで、昨今の生活保護訴訟においては、保護の基準（厚生（労働）省告示）といった国の定めを対象にした訴訟はほとんどない。むしろ、自治体の運用を問題にした訴訟が圧倒的に多い。しかも、この場合、原告住民側が勝訴しているものが増えている。たとえば、秋田加藤訴訟（秋田地判一九九三・四・二三：確定）、福岡中嶋訴訟第二審判決（福岡高判一九九八・一〇・九：原告逆転勝訴、被告上告中）、金沢高訴訟（金沢地判一九九九・六・一一、名古屋高判二〇〇〇・九・一一、被告上告中）などである（なお、生活保護に関する訴訟の全般については、尾藤廣喜「生活保護・福祉サービス関連争訟の現状と課題」『社会保障法の関連領域』一四三頁以下を参照）。

それぞれの訴訟のポイントを一言でいえば、次のようなものである。秋田加藤訴訟では、保護費を原資に蓄えた預貯金を収入認定し、その分保護費を減額した処分の違法性が争われた。福岡中嶋訴訟では、保護費を節約してかけた学資保険の解約を指示、解約返戻金について収入認定し、保護費を減額した処分の違法性が争われた。金沢高訴訟では、心身障害者扶養共済の年金を収入として認定し、保護費から減額した処分の違法性が争われた。これらは、すべて「収入認定」にかかるケースである。

「生活保護費」は「最低生活費」から「収入額」を差し引いて算定される（［図表7－1］）。そして、「最低生

図表７－１　生活保護費算定の仕組み

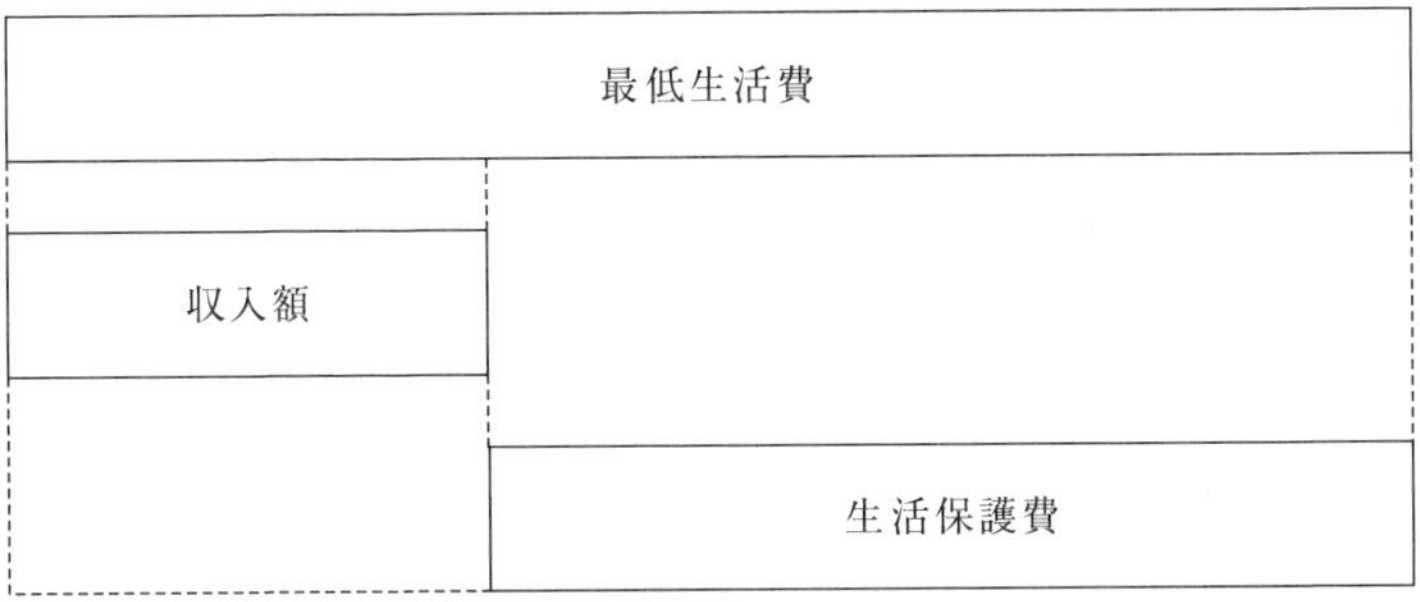

活費」は、「保護の基準」として、厚生（労働）省によって告示されている。「保護の基準」の被保護者への当てはめには、保護の実施機関の裁量の余地が小さい。一方、「収入の認定」に関しては、この当てはめへの保護の実施機関の裁量の余地が大きい。しかし、国によれば、生活保護制度は、「国が生活に困窮するすべての国民に対し、その困窮の程度に応じ、必要な保護を行い、その最低限度の生活を保障する」（生活保護法一）ものであるから、国の判断に基づいて、保護の実施機関は事務を実施すべきというものである。そこで、厚生（労働）大臣およびその内部部局は、膨大な通達（処理基準）を発し、保護の実施機関の裁量を事前に統制している。

そして、前記訴訟に関していえば、被告である保護の実施機関の行政処分は、機関委任事務に基づく上級庁である厚生大臣（およびその内部部局）が発する通達に基づいて「適切に」行われていたといえる。つまり、保護の実施機関では、生活保護の決定・実施を通達（通知）どおりに「適切に」行っていては、訴訟の場で違法と判断されるケースがある（多い？）ということが現実である。

それでは、自治体はどうしたらよいのか。このような切り口から、分権時代の自治体行政のあり方を検討することが重要である。しかし、本章では、これ以上この課題に言及することはしない。このテーマに関しては、すでに他の章で述べたところであるからである。本章では、もう一つの課題として、これまで訴訟の場に現れたケースだけが違法な行政ではなく、他にも類似のケースがあるのではないか、といった仮説について検討することにする。

4　福祉行政の特徴とオンブズマン

とはいえ、筆者には、現在、この問題について数多く事例をあげ、詳細に検討することはできない。今後の課題として他日を期したいと考えている。したがって、これから述べることは、筆者の体験に基づく推論にすぎない（筆者は、市職員として、一九七八〜八三年および二〇〇〇〜〇一年の延べ六年強の期間、ケースワーカーおよび査察指導員として生活保護行政に携わっていた。）。推論の結果と若干の理由を述べるにとどめざるをえない。

さて、その推論の結果とは、類似のケースがあるのではないかというものである。

生活保護の決定・実施では、機関委任事務として詳細な通達行政が支配するなかにあっても、地域（自治体）によって運用が異なっているとの感想を抱いている。保護の適用は、保護率（人口中保護を受けている人員の割合。千分率（パーミル）で表される。）を主要な指標としてみることができるが、一九九九年度平均では、一七・五パーミルの北海道から一・八パーミルの富山県まで大きなばらつきがある（[図表7―2]）。これらのばらつきは、都市化の程度、高齢化率、そして失業率など地域特性の違いによってある程度説明がつくが、どうもそれだけでは理解できないものも多い。つまり、保護の適用方針の違いのようなものが、都道府県単位、市町村単位で存在すると考えられるのである。

たとえば、生活保護法は、「保護は、生活に困窮する者が、その利用し得る資産、能力その他あらゆるものを、その最低限度の生活の維持のために活用することを要件として行われる。」（四条）と規定している。これは、保

図表７－２　生活保護率の比較

1999年度平均

No.	都道府県	保護率	No.	都道府県	保護率	No.	都道府県	保護率
	全国	7.9	16	富山	1.8	32	島根	4.3
1	北海道	17.5	17	石川	2.9	33	岡山	7.5
2	青森	11.7	18	福井	2.1	34	広島	7.5
3	岩手	5.1	19	山梨	2.5	35	山口	8.2
4	宮城	4.7	20	長野	2.3	36	徳島	10.7
5	秋田	7.5	21	岐阜	2.0	37	香川	8.1
6	山形	3.4	22	静岡	2.8	38	愛媛	8.1
7	福島	4.8	23	愛知	3.8	39	高知	15.3
8	茨城	3.4	24	三重	4.9	40	福岡	15.6
9	栃木	3.9	25	滋賀	4.5	41	佐賀	5.7
10	群馬	3.0	26	京都	13.8	42	長崎	10.9
11	埼玉	4.0	27	大阪	14.2	43	熊本	7.7
12	千葉	4.1	28	兵庫	9.0	44	大分	9.8
13	東京	10.7	29	奈良	8.2	45	宮崎	8.9
14	神奈川	7.3	30	和歌山	7.5	46	鹿児島	10.7
15	新潟	3.6	31	鳥取	5.7	47	沖縄	13.2

＊保護率＝（被保護人員／人口）×1000　　出典：（旧）厚生省社会・援護局保護課

護の補足性を定めたものであり、このうちの「能力」には、「稼働能力」も含まれる。すなわち、「現実に稼働能力があり、身勝手なことさえいわなければ適当な職場があるのに、どうしても働こうとしない者については、この補足性の要件を欠くものとして、保護を受けることはできません。」とされている（生活保護制度研究会監修『保護のてびき（平成一二年度版）』一一頁）。このことが原則的な考え方であるが、昨今の深刻な経済状況と雇用情勢をふまえるとき、「しかし、働く意思と能力があり、求職活動を行っていても現実に働く職場がないときには、保護を受けることができます。」ともされているのである（同一一頁）。

「稼働年齢」とは、一五～六四歳であり、生産年齢に対応している。したがって、生活保護を受けようとする国民は、誰でも、これまでの経歴にかかわらず、六五歳に達するまでは、特段の疾病を抱えていない限り働き続ける義務があることになる。しかしながら、経歴や稼働能力は人それぞれであり、個人差が大きい。求職活動中の「適当な職場」に関しても、本人の主観と保護の実施機関との間で見解が相違する場合が多いものと思われる。このようなとき、保護の実施機関の見解を一方的に押しつけるのか、それとも被保護者の申し立てを尊重するのか、また、六五歳という基準年齢を機械的に当てはめるのか否かという点でも、保護の実施機関、ひいては市町村・都道府県によって取り扱いを異にしているように感じられる。これが、都道府県ごとの保護率に影響していると考えられるのである。なお、全国的な保護の捕捉率（被保護者／要保護者×一〇〇）に関しては、一九五三～六五年の間は（旧）厚生省が公表していたが、その後発表されなくなってしまった（片岡直「最低生活基準の今日的課題」『住居保障法・公的扶助法』二一五～二一六頁、河合克義「公的補助の行政組織と福祉労働」同二六六～二六七頁参照）。

このような市町村・都道府県による運用方針の違いは、稼働年齢層に対する就労指導方針のみならず、資産保有、世帯認定（世帯分離の運用）、住所不定者（ホームレス）に対する保護の取り扱いなどにもみられる。

一方、これらは、体験に即しての感覚的な受け止め方にすぎないのも事実である。そこで、筆者は、このような事実を論理的に説明できないこと自体が実は大きな問題であると考えている。

そして、これらは、生活保護が代表的であるが、これを含む福祉行政一般の特徴ではないだろうか。福祉の措置の対象者は給付・援助を受ける弱い立場にあり、行政措置のなすがままに置かれているように感じられる（前掲・尾藤「生活保護・福祉サービス関連争訟の現状と課題」二五二頁も同様の認識に立つものと思われる。）。もし、裁判というような形で表面に出てくれば違法と判断されるような行政措置があっても、それらのほとんどは表層に昇らず、行政と福祉の措置対象者の間の関係だけにとどまっているように思われる。この原因には、福祉の措置対象者に十分な知識と費用がないのみならず、福祉行政の内容が、福祉の措置対象者のプライバシー保護を口実に、一般住民に情報公開されないことが大きな原因であると考える。住民間、議会の議論の対象にもならず、弁護士等法律専門家にも、福祉の措置対象者の実態は、ごくわずかの例外を除いてはまったく伝わっていないのではないだろうか。

近年、活発に展開されている弁護士を中心とした市民オンブズマン活動にあっても、このような個別行政の非違を正す動きは滅多にないように思われる。訴訟にまで至れば、全国生活保護裁判連絡会といった組織の支援も受けられようが、こういった事態にまで至らない日常の行政活動こそが重要であると筆者は考える。「オンブズマン」が代理人を語源とするものならば、弱い福祉の措置対象者の代理人としての役割が望まれるところである（全国生活保護裁判連絡会に関しては、前掲・尾藤「生活保護・福祉サービス関連争訟の現状と課題」二四七頁およびその脚注二七一～二七二頁を参照）。

そして、福祉行政の対象者に関する情報が、対象者のプライバシー保護を理由に一般住民に情報公開されないのであるなら、守秘義務を課した第三者機関の委員に対してのみ情報公開を義務づけるといった仕組みの採用も考えられる。この委員会（もしくは独人制の委員とし、「福祉オンブズマン」とすることも考えられる。）では、イン・カメラ審査を原則とし、間接的ではあるが、委員の選任については住民参加を保証するなどで、対象者のプライバシー保護に配慮しつつ行政の専横を抑制することを可能にする。事後的であっても、このように、福祉対象者と行政との関係を対等なものに近づけることで、日常の行政執行の妥当性が保障されることになると思われる。「福祉国家」といわれるように、警察的規制のみならず多額の資金交付行政を担う現代行政にとって、福祉分野における行政裁量の適切な法的コントロールを行うことは、焦眉の課題である。行政にとっても、このようなコントロールが形成されることで、他自治体の訴訟等の動向に意を配るようになり、当該自治体の事務執行の適法性・妥当性を見直す契機になろう。このためには、政策法務論としても、行政学および行政法学等の知見の上に立って、今後精力的に取り組んでいく課題にすべきといえる。

いずれにしても、法執行の適法性・妥当性審査を第三者の目で行う仕組みの整備が、福祉対象者の拡大に伴う

「福祉の普遍化」にとって、今後ますます重要になるものと考えられる。

〔参考文献〕

○生活保護制度研究会監修『保護のてびき（平成一二年度版）』（第一法規、二〇〇〇年）
○日本社会保障法学会編『社会保障法の関連領域—拡大と発展』講座／社会保障法六（法律文化社、二〇〇一年）
○日本社会保障法学会編『住居保障法・公的扶助法』講座／社会保障法五（法律文化社、二〇〇一年）

第8章　「政策評価」の政治学

1　はじめに

　昨今の自治体では、政策評価や事務事業評価が花盛りである。三重県の事務事業評価、北海道の時のアセスメント、そして、静岡県の目的指向型施策評価システムなど先進的な取組の成功が、これらの流行の直接の要因であろうと思われる。また、この背景には、自治体の多くが財政難であるにもかかわらず、これまでの手法では、事業をやめたくてもやめられない、といった事情があるものと推測される。一方、三重県など先進的な自治体では、すでにこのような課題を超えて進みつつあり、より科学的な政策決定・執行に資するために政策評価を行う時代に入りつつある。

　しかしながら、このような政策評価の第二段階に向かう自治体はいまだ少数であり、多くの自治体は、第一段階にあるのが現状であろう。これら後発自治体の政策評価システムはうまく作動しつつあるのか、それとも身の丈に合わないものを無理矢理に身につけようとしているだけなのかは定かではない。

　そこで、本章では、政策法務の視点に立ち、多くの自治体が身の丈にあった政策評価システムを身につけることができるように、その留意点を提示したいと考える。そして、この手法としては、政策評価システムの内容にかかわるものには触れないことにする。これらは、数多く出版されている他の書籍に譲ろう。ここで扱うのは、政策評価システムに関わり合う登場人物の役割に関するものである。この点に関して検討することで、登場人物を襲うかもしれない不幸を未然に防ぎたいと考えている。政策の実行性という観点から、本章のタイトルを「……政治学」とした理由はここにある。

登場人物としては、自治体職員、住民（NPO）、首長を想定するが、筆者自身ごく最近まで現役の自治体職員であったことから、自治体職員の視点から見た検討が中心になる。そして、最後には、「政策評価システム」自体の政策評価を試み、政策法務の観点から若干の感想を述べることにしたい。

2 自治体職員にとっての「政策評価」

「政策評価」と「事務事業評価」とでは、その言葉の響きが違う。そして、もちろん、その違いは言葉の響きだけにとどまらず、内容にも及ぶ。この内容に関して検討すれば、「政治評価」、「行政評価」などといった分類が可能である。ストレートにつながるものではないが、言葉のニュアンスとして、政策評価は「政治評価」に、また、事務事業評価は「行政評価」にリンクしやすい。ただし、リンクに際しては、他の要素による「場合分け」によって、さらに細分類され、その一部だけが結びつくことになろう。ただし、本章は、このような分類を目的としていない。「政策評価の政治学」にとって、これらは大同小異にすぎないものとして、あえてひとまとめにして検討しよう。そのため、ここでは、やや乱暴を承知で、事務事業評価も含めて「政策評価」という用語でくくることにする。

さて、政策評価の先進自治体は三重県と北海道である。しかしながら、これらふたつの自治体の政策評価システムは大いに異なる。もちろん、目的とするところが違うし、その手法も大違いである。では、すべてが異なり共通点がないのかというと、そのようなことはない。筆者が最も注目する共通点は、どちらも知事のトップ・ダウンではじまったということにある。

このことを職員の側からみると、政策評価を実施することは前提条件であり、その手法に関して、首長とすりあわせをすることが求められたといってよい。政治（首長）と行政（職員）との間に、政策評価の実施に関する基本的な了解が成立しているのである。そして、このことは、行政（部局）間の調整に関して大きな影響力を持つ。すなわち、政策評価は関係部局に大きな負荷を課するものであるが、政策評価担当課は、これに対する事業課の反発を、首長の力を背景に押さえ込むことができる。こういった条件によって、先進自治体の政策評価は成功したといえる。

これに対し、成功例に続く自治体ではどうだろうか。第一には、成功例を耳にした首長が、政策評価制度の導入を求める場合が考えられる。そして、第二には、職員がボトム・アップで、政策評価制度の導入を提案する場合が考えられる。

前者の場合は、首長の覚悟が問われる。政策評価は目的ではなく手段であるから、何のために政策評価制度を採り入れ、何を目指すのかといった目的がしっかりしていることが必要である。また、反対する者と決然と対決して、改革をやり遂げるという強い決意が求められる。

後者の場合は、これに加えて、首長に覚悟を促すという作業が先行する。政策評価は、現状の政策を見直すものであるから、従来の政策の批判でもある。批判し、方向性を変えることを目的とした制度である。このような仕組みを首長にきちんと理解してもらえなければ、手段としての政策評価が正確に行われれば行われるほど、目的と結果との不一致が露呈することになりかねない。推進した職員にとっては、二階に上がってはしごを外される事態を招くおそれがある。事務サイドが精緻に制度設計を手がければ手がけるほど、このような危険は高まるのであるから、危険を回避するためには、首長の支持を十分に取り付ける必要がある。

3　住民にとっての「政策評価」

次に、住民にとっての政策評価の視点のとらえ方から論を進める。

評価の視点を事務事業の廃止などに伴う財政支出の削減に置くのか、それとも財政支出がもたらした結果に関しての評価まで含むのかという点で、視点が異なる。前者に関しては金額という客観的な指標を立てることができるが、その成果に対する評価はさまざまな観点がありうる。たとえば、不必要な事業を廃止したという理由から、プラスの評価を与えることもできるし、必要な事業を廃止したという理由から、マイナスの評価を与えることも可能である。したがって、この場合、何が必要で何が不必要なのか、この評価を誰が行うのかということが問題になる。

この問題の解決に際し、先進的な自治体では住民を主役にする方向に向かいつつあるように思える。しかし、「住民」とは抽象的な存在で、各個人にまで分解すれば利害が対立することが常態である。また、評価はひとつの事務事業の廃止だけに関して行うものではなく、廃止によって捻出された財源の使い道をめぐっても評価が求められるなど、複合的・総合的なものである。そこで、住民各個人が政策を評価するためには、この評価の仕方をめぐっての整理が必要となる。このため、住民自身がＮＰＯをつくるなどして、行政の整理とは異なった見解を提出することが求められる。

もっとも、ここでひとつの問題が生じる。それは、政策評価が政策の見直しを目的にしているとの本質に基づく問題である。つまり、見直しの前提には、従来の政策の非効率・成果の不十分さといったことがある。これらを客観的に提示し、住民の判断を仰ぐことが、「政策評価の市民化」であろう。政策評価制度は、この目的に沿って過去の政策を評価し、未来に向かって政策を変更していくことを予定しているものである。しかしながら、ともすれば、こういった評価が未来に向かわず、過去にとどまることがある。

つまり、過去の政策の失敗の責任を追及する方向で評価が残る場合である。このような事態をいかに未然に防ぐか、住民の間で十分な議論が戦わされなければならない。住民個々では、政策評価の結果に対して、さまざまな解釈が可能なのは当然であるが、これら解釈の違いを超えて、抽象的「住民」としてのひとつの結論（＝合意・総意）が形成される必要がある。行政 vs.住民という対立の構図を超えた統合が政策評価をめぐって形成される、という期待可能性がなければ、政策評価の市民化は決して進まないだろう。

4　首長にとっての「政策評価」

一方、住民の評価が未来に向かわず、過去にとどまる場合にあっても、首長が確固たる信念をもって住民と対話していくのであれば、政策評価は未来に向かっていくことも可能である。選挙などによって、過去の首長と現在の首長が異なっている場合などは、この転換も容易である。しかし、過去と現在の首長が替わらず、また、政策評価制度の導入と結果に対する首長の覚悟が不十分な場合には、首長は、政策評価を行ったこと自体を悔やむことになるかもしれない。ましてや、この決断が首長自身のトップ・ダウン方式によるものではなく、ボトム・アップ方式によるものであるときには、提案者である職員に対して責任が追及されるかもしれない。

いずれにしても、このようなケースは、首長、職員、そして住民自身にとって不幸なものである。住民にとっても、首長や職員が萎縮することで、必要な情報でさえ公表しなくなってしまうのでは、今後の政策評価が不可能になる。このような不幸を招かないためにも、関係者にとって政策評価の本質に対する理解が不可欠であるといえる。

5 「政策評価システム」自体の政策評価

それでは、これまでの議論をふまえて「政策評価システム」自体を政策評価してみよう。それぞれの自治体の政策評価システムの開発状況によって、この政策評価は、事前ないし中間段階での評価となる。それぞれの自治体にとって、政策評価システムの適切な導入ないしは見直しの契機になればよいと思う。

第一のチェック・ポイントは、政策評価システムは誰によって発案されたか、というものである。もちろん、誰が発案してもかまわない。発案には、その意図と目的があるということをもう一度確認したいものである。

第二のチェック・ポイントは、首長は政策評価システムの目的を明確に掲げているか、というものである。発案者の意図と目的がきちんと首長に伝えられ、首長の理解の下に政策評価システムが組み立てられているのかをここでチェックする。政策評価は、行政を対象に行うものであるから、行政の長である首長の覚悟が問われる。既得権を主張し、これまでの政策の見直しに反対する人々に対して、客観的評価を基に説得するために政策評価を行うのか（政治評価）、それとも非効率な事務事業の執行方法を改善するなど、事業そのものの存続を前提に政策評価を行うのか（行政評価）といった点で、政策評価システムの設計は大いに異なってくる。目的をふまえた政策評価システムになっているかどうか、改めてチェックが必要である。

第三のチェック・ポイントは、職員は政策評価システムの目的に関して首長の意向を確かめたか、というものである。このチェック・ポイントはボトム・アップ型政策評価システムの提案に際して特に必要である。とりわけ、政治評価に踏み込み、首長の政治的支持層にかかわる政策の評価を行おうとする際には、このチェック・ポイントを外すわけにはいかない。また、たとえ首長の政治的支持層にかかわる政策の評価は対象にしたくないといった場合にも、このチェック・ポイントを外すわけにはいかない。このような場合には、見直すべき政策対象において、すでに政治的選択が行われているのであるから、どのように客観的な評価を装ったとしても、いずれは化けの皮がはがれてしまう。したがって、政策評価の結果について住民に包み隠さず公表することは、政治的に不可能なことと諦めるより仕方がない。首長の意向がこのようなものであるならば、(残念ながら)政治評価は断念し、行政的事務事業評価に的をしぼることが賢明であるといえる。

なお、この第三のチェック・ポイントの枝として、トップ・ダウン型政策評価システムの提案にあっては、首長の意向は十分職員に浸透しているか、といったことが考えられる。首長が政治評価を期待しているにもかかわらず、職員がその真意を測りかね、首長の政治的支持層に遠慮してしまうことがありうるし、また逆に、首長の考える聖域に職員が踏み込むことで、このような職員を排除しなければならない事態にもなる。首長としても、このような事態を望んでいるものではないであろう。

第四のチェック・ポイントは、住民との間で政策評価システムの目的に関する合意を得ているか、というものである。公共事業を見直す、外郭団体への補助金を見直す、徹底して直営事業の非効率を払拭する、財政赤字をなくす、といったように政策評価の目的はさまざまであるが、これらの目的を設定した理由が住民に十分公表され理解が得られているかチェックすることが必要である。

政策評価の実施段階はともかく、政策評価の結果に基づいて自治体行政の改革に着手する際には、必ずや改革に抵抗する勢力が現れる。見直しの対象になる事業・団体には「人」が存在し、この「人」は生身の人間として生活しており、従来の行政スタイルによって安定した生活を送っているとすれば、たとえ改革の方向が客観的に正しいものだとしても、何らかの摩擦が生じるのはやむをえない。この摩擦に対して何らかの行政的対応をすべきかどうか住民の判断を得るためにも、前提としての情報提供は欠かせない。行政内部の事務事業評価でさえも、職員団体等利害関係者は必ず存在するのであり、当事者との取引だけで結論を出すことは、政策評価の客観性にとって致命傷になりかねない。このような事態を避けるためには、政策評価の目的・手法などに関してあらかじめ住民や議会の理解を得るために、政策評価システムを条例によって定めるなどしておくことが有効である。

6　覚悟・勇気・謙虚さと「政策評価」

それでは最後に、本章で述べたことをまとめておこう。

政策評価は、過去ないしは現在の政策を評価するものである。そして、評価とは、自画自賛を意味しないのはもちろんであるから、必ずや政策の不具合を指摘することになる。評価することを決断する者（＝首長）にとって、この不具合を指摘されることがいやなら、政策評価など行うべきではない。不具合の改善に向けて原因を追及し、その結果を関係者のみならず第三者に公表することで改善を進めていく、というしたたかな覚悟が求められるのである。

首長にこのような覚悟と熱意があってこそ、職員は安心し前向きに政策評価を行うことが可能になる。同時に、住民もまた、評価の結果に対して信頼を寄せることができよう。

このように、自治体の政策評価にとって首長の存在は限りなく重い。そして、さらにいえば、首長の重さは、政策評価にとってだけではない。機関委任事務制度が廃止され、自治体の処理するすべての事務が自治体そのものの事務になった分権時代には、事務処理に際して、「国の指導に従った結果である」といった言い訳は通用しない。国の考え方を尊重はしつつも、自治体の判断の結果は自治体自身が責任を負うのである。

首長がこのような責任をまっとうするためには、自らの信念に従い決然と判断することが求められる。そして、同時に、事後、判断の結果の過ちに気づいたならば、勇気をもってこれを正すことが必要である。政策評価は、この重要なきっかけになる。

首長は、権限の大きさを無謬の権力と誤認しないために、自己統制システムを日常の行政運営に組み込む必要がある。首長および自治体職員には、このようにしてどうにか住民の感覚から離れないでいられる、といった謙虚さをもつことが求められる。

政策法務は、首長の下で働く行政（自治体）職員による住民統治のテクニックであってはならず、むしろ行政を、職員により自律的に、また、住民により他律的にコントロールしていくためのツールであることを期待されているのである。

〔参考文献〕

○今井照『自治体の政策評価』（学陽書房、一九九九年）
○中村征之『三重が、燃えている』（公人の友社、一九九九年）
○久田徳二「時のアセス」地方分権推進研究会『自治が広がる―地方分権推進計画を読む』（ぎょうせい、一九九八年）

第9章　行政組織法に関する政策法務の課題

1　はじめに

行政は、その相手方たる住民（国民）との間で直接権利義務関係を形成する行為のほか、その前提としての事実行為など他の作用も営んでいる。通常、これらの行政作用のうち権利義務関係にかかるものは、裁判や行政不服審査などの行政救済手段を伴っている。一方、行政作用は、行政機関による活動の結果にほかならないから、行政機関がどのように構成され、どのような資源を携えているのかも、行政作用を適切に管理する上で重要な事項である。すなわち、行政作用は、行政上の権限が行政機関に付与されるだけでは適切に行使されず、これとともに、行政機関に人・物・金・情報などの資源が与えられていることが必要である。このように意味で、行政組織法もまた、行政権の適切な執行と住民による行政コントロールにとって重要な要素といえる。

しかし、行政組織法は、住民（国民）にとって間接的であるがゆえに、行政作用法ほどその法的なコントロールの密度が高くない。ごく大枠だけを法律や条例が定め、その大部分は政令や自治体の長の規則などにゆだねている。つまり、行政組織のあり方などに関しては、広範な行政裁量が認められる事項と考えられてきたといえる。

このような現状ではあるが、行政組織の上に立って行政作用が発動される以上、もう少し法の規制密度を高くすることが、民主的行政執行にとって好ましいのではないだろうか。このような考えに立って、行政組織法を政策法務的な観点から検討することにしたい。指定都市の行政区の問題および人事行政を例に検討する。

2　指定都市の行政区と三層制の政府間システム

(1)　前提としての地方自治制度

はじめに、指定都市の行政区について、民主化＝住民自治の観点から検討してみよう。

まず仮説を述べると、指定都市における政府間システムは二層制であり、住民自治が十分に働いていないのではないか、というものである。そして、この傾向は、地方分権一括法による地方自治法改正によって、いっそう顕著になったものと筆者は考える。このような問題意識から、このテーマを取り上げるものである。

地方分権一括法による地方自治法改正の最大の成果は、機関委任事務制度の廃止である。国・自治体の行政をひとくくりにし、「行政権」の内部関係として位置づけてきた機関委任事務制度が廃止となり、自治体に対する国のかかわりの多くが「関与」として法的に位置づけられた。また、このように、国と自治体のかかわりを整理するなかで、都道府県と市町村とのかかわりについても整理がなされた。法的な措置としては、市町村長に対する知事の事務委任制度（自治法旧一五三条二項）や市町村職員に対する知事の事務の補助執行制度（同旧一五三条三項）の廃止などが大きなものである。

この結果、どのようなことが起こったかというと、国・都道府県・市町村という三層制の政府間システムが、従来にも増してくっきりとしてきたということである。新しい関与法制に関しては、対象となる関与が限定されている、関与の範囲が広範である、関与の量が多い、といった批判もあるが、関与の存在が住民（国民）にとって透明になり、ひいては民主的なコントロールの基盤が形成されたということは、確かな一歩である。

一方、国・都道府県から市町村に対して、事務事業の移譲がされたものは多くない。したがって、国・都道府県・市町村間の事務事業配分に大きな変化はみられなかったものである。しかし、この点に関しては、指定都市には大都市特例として、かねてより他の市町村とは異なった事務事業権限が与えられていた（自治法二五二条の一九、自治令一七四条の二六〜一七四条の四九）。つまり、これまでにも、指定都市は、大都市特例にかかる事務に関しては、都道府県並みの権限を有していたといえる。いうなれば、指定都市の存する地域では、都道府県を欠く二層制の政府間システムにあったわけである。

二層制であっても、自治体内部の組織体制として住民の自治が機能するようなつくりであれば、何ら問題はない。逆にいえば、住民の自治が機能するような体制整備が、指定都市内部で構築されているかどうかが問題であるといえる。

⑵　指定都市本庁と行政区の関係

従来、国・都道府県・市町村の機能分担として、国が企画した事務事業を市町村が（団体事務として）実施し、その監督を都道府県が機関委任事務として行う、という構図がままあった。この場合、指定都市では、市の機能を行政区が担い、都道府県の機能を市本庁が代替してきたように思われる。このように、指定都市にあっては、政府間システムが行政区を介す擬似的な三層制であった。そして、さらにいえば、分権改革後の現在でも、この構図に変わりがないといえる。

しかし、国・都道府県・市町村を通ずる構図は、制度的にすでに変容している。不十分ながらも事務事業の実

図表9－1　三層制の政府間システムと二層制の政府間システム

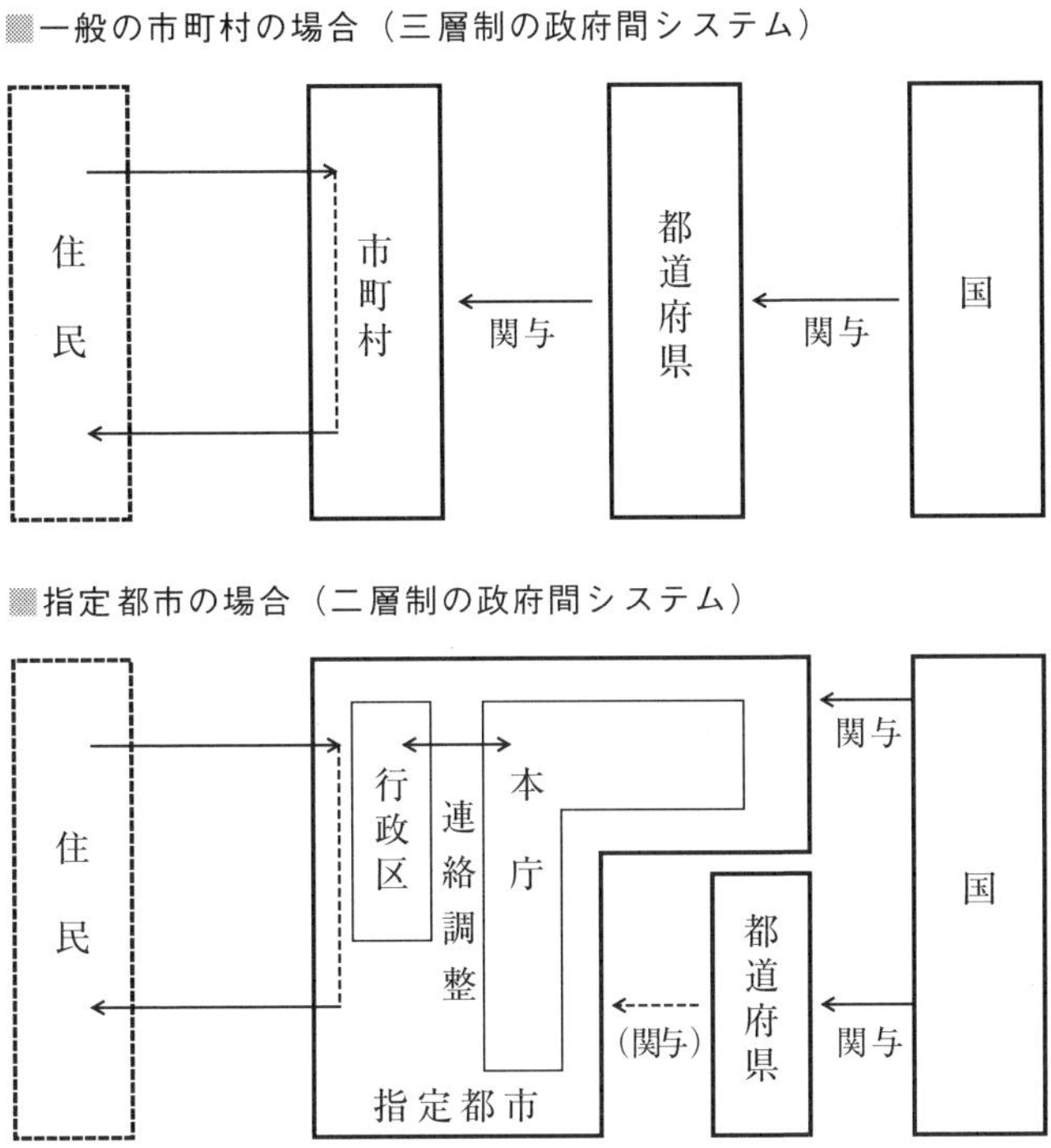

施主体である市町村の企画機能が拡充し、都道府県の監督機能も透明化したのである。政府間システムの三層制は、より明確なものになった。したがって、市町村の取組いかんにもかかわるが、このような構図の変化を生かして、事務事業を主体的に実施している市町村がある。

それでは、指定都市本庁と行政区の関係はどうか。

両者の関係は、同一自治体の内部関係にとどまるため、指定都市における政府間システムは、国との間で実質的な二層制である。行政区に対する市本庁のかかわりについては、関与（類似の行為）が住民からみて透明ではない。たとえ長の規則に基づく専決規定により、区長に専決権が与えられ形式的な判断を区長が行っていたとしても、市本庁による実質的な関与（類似の行為）に基づくものかどうかは、住民には判断ができない。

もし、実質的な判断を行政区ですることができないとするなら、住民は、行政区に対してなにがしかの働きかけをしても、それは徒労に終わる可能性が高い。少なくとも、市本庁に働きかけるより効果が低いものになる。住民が自治を行うためには、コスト・パフォーマンスの高い働きかけ先がどこであるのか、あらかじめ示されていることが求められよう。このように、市本庁と行政区の関係を組織法として規律し、住民によるコントロールの下に置くことが、擬似的ではあっても政府間システムの三層制を確保し、住民自治を機能させるには必要なのである。

3　職員人事における行政裁量

もっとも、組織法に関してどれだけ法化したとしても、行政に裁量が大幅に残ることは否定できない。組織整備に関しては、効率性の観点など技術的・総合的な判断の余地が大きい。そして、組織という入れ物に対し、人物という中身を詰める作業は、対象者である職員のプライバシーの観点も絡み、まさに人事当局の独壇場である。一見、第三者である住民と、彼らによる行政コントロール手段としての「法」の入り込む余地はないようにもみえる。

もちろん、人事の入口と出口、つまりは職員採用と退職に関しては、地方公務員法や条例によって規律されている。また、分限、懲戒、服務といった事項に関しても、地公法などによる定めがある。しかし、これらの規律密度は低く、日常の人事実務のほとんどは、人事当局の裁量的執行のなかにあるといってよい。なお、ここでいう「人事当局」は、組織のなかで階層性を持っている。そして、その階層性は、各部局横断的な分節的構造にある。したがって、「人事当局」とは、人事担当課だけを示すのではなく、分節的権限を担う各部局の担当課を含むものである。

とはいえ、人事担当課が行う法に規定される処分（分限：地公法二八条、懲戒：同二九条）に至らない、事実行為とされる「訓戒」、「文書注意」、「口頭注意」等の処分的行為や、職員の意に反する人事異動などを、法によって逐一コントロールすることはできない。このことは、「人事当局」による調整が事前に入るにしても同様である。

しかし、だからといって、現状のような人事当局によるオール・マイティの裁量権の行使が妥当かというと、そうではないであろう。自治体によっては、人事評価、異動基準の明文化、能力実績主義への取組などで、先駆的な手法が実践されつつあるが（最近の動向として、『地方自治職員研修』四七四号（二〇〇一年）は、宇都宮市、小平市、羽咋市、飯田市および豊島区の事例を掲載している）、これらは、いずれも行政内部の指針とその運用であり、住民との関係では接点がない。首長・人事当局による「善政」が行われている事例といえよう。

そこで、住民による職員人事のコントロールが課題になる。現在でも、副知事・出納長や助役・収入役といった特別職、また、各種行政委員会委員の人事は、議会の議決を得ており、（不十分ながらも）住民のコントロール下にあるともいえる。とすると、この規律密度を上げることが、住民による職員人事のコントロールのひとつの方法である。一般職の職員であっても、一定以上の地位に就くには、その実績を第三者の評価を経て、その上で人事配置を首長等の任命権者の手に委ねるという手続を踏むことは、法的に可能である。むしろ、こういった方法が、「職員の任用は、この法律の定めるところにより、受験成績、勤務成績その他の能力の実証に基いて行わなければならない。」（地公法一五条）と定める、任用の根本基準に合致するものといえる。この「第三者」は、議会とは限らず、既存の組織として人事委員会（公平委員会）の活用を図ることが考えられてよい（西村美香「公務員制度の改革」『制度』一七六頁もまた、人事委員会・公平委員会のような中立的・第三者的な行政委員会の役割の重要性を指摘している。)。ただし、人事委員会（公平委員会）の委員構成・審議体制などが、現状に比較し格段に住民に開かれたものになることが必要条件である。

また、この措置は、一定以上の地位の職員を対象にしているものであるから、当然のことながらそこに至らない職員には適用がない。そこで、こういった職員への対応をどうするのかといったことが、その必要の有無を含めて次の問題になる。行政の説明責任は、住民に対してだけではなく、職員に対しても果たされることが望ましい。そこで、具体的な措置に関しては当局の裁量に任されるとしても、適用のための基準に関しては法化するということが考えられる。法化の方式としては、人事委員会（公平委員会）規則とし、人事措置の基準適合性に関し、事後的に人事委員会（公平委員会）に報告させ、職員および住民への公表を義務づけることなどが考えられる。

最近の情報公開条例による開示決定では、小中学校の児童・生徒の指導要録に関しても、彼ら自身や保護者に開示請求権を認めるものが出てきている。また、諸外国の例では、たとえば、スウェーデンでは、職員の人事記録もまた情報公開法の対象になっているとのことである（平松毅『情報公開―各国制度のしくみと理論』一三二頁）。このように、教育上および人事上の措置についても、一定の範囲で法化している実例がある。最も行政裁量が大きいとされる人事の領域でも、法化の密度を高めることが可能である。

とすれば、問題は、その必要性の有無にある。人事上の措置の妥当性に関しては、当事者のプライバシー保護の観点や、事実関係が一方当事者だけからしか主張されないことなどのため、客観的な判断がむずかしい。さらに、一方当事者からだけであっても、事実関係が具体的に申し述べられることさえ多くないのが現状である。筆者は、自治体職員として二四年弱の勤務経験があり、この体験を述べることは可能であるが、これまた主観的で一方的なものでしかない。まずは、何らかの形でこういった資料が集積され、これらを素材に議論が可能な環境が整備されなければならないといえる。

しかし、それでも、現状の人事行政が不透明であり改善を要するとする見解は、多くの自治体職員に支持されるものと思われる。「法化」は、これらの改善策として、有効に機能するのである。

4　法化と政策法務

(1)　行政裁量の行使と責任

今日の政策法務論は、分権化の動向のなかで拡充・深化してきた。そして、その中心は、条例論であった。しかし、条例も抽象的な規範にすぎない以上、具体的な事案への当てはめに関しては解釈の余地が存するし、この点で執行機関には裁量（＝行政裁量）が生じる。また、当然のことながら、国の法令の解釈とその執行に関しても、自治体には行政裁量の範囲が拡大した。

もっとも、行政裁量といえども、その逸脱に対しては、裁判所による司法統制に服する。したがって、自治体が積極的な取組を行えば行うほど、国の法令との関係で、形式的な違法可能性は増大する。そして、この「自治体」には、条例を制定するといった場合の法人としての自治体の行為のほかに、これらを具体的に執行する職員としての行為も含まれる。

職員の側からこのことを考えれば、積極的な政策的取組が結果的に裁判所によって違法と判断されたとしても、このことのみによって自治体内部で責任を追及されない仕組みが用意される必要がある。そうでなければ、職員に政策的な積極性を引き出すことはむずかしいであろう。地方分権一括法施行後も省庁から次々に発せられる

「技術的助言」に、何ら検討を加えることなく事務を処理することも可能であり、このような場合、職員にとって形式的な違法行為を犯す可能性は少ない。しかし、これでは、地域にとって最適な行政を行う可能性を減じさせてしまうのである。そこで、自治体政策全般を対象にした政策法務とともに、政策に積極的な職員づくりに関する政策法務がまた必要になってくる。行政組織法が重要であるゆえんである。

(2) 自治体職員の「責任」にかかる法のあり方

自治体職員に関する枠法は、地方公務員法である。地公法が自治体や自治体職員の政策化に適合したものであるかどうかは、実はこれまでと同様の課題に関するものであり、分権化、政策法務論の台頭、そして、政策領域の量的な拡大に伴って顕在化したものにすぎないともいえる。

国では、行政改革推進事務局が公務員制度改革について検討を進めており、二〇〇一年一二月二五日には「公務員制度改革大綱」が閣議決定されている。この改革が地方公務員制度にまで波及することを必須である。すでに、現行制度を前提にした自治体職員の意識の持ち方については第2章で述べたところであるが、この枠組自体が変貌しようとしているのである。そして、この枠組を生かすべく、また枠組づくりに向けた環境を先取りすべく、自治体は、課題を整理し、さらに可能な範囲で実践を積み重ねていく必要がある。

行政組織法に関する政策法務論推進の見地からすると、新たな仕組みは、自治体の政策立案・運用と職員の責任が連動するものであることが求められる。このような仕組みが用意されない限り、政策法務は、一部の「リスク覚悟の職員」の思考法にとどまってしまうおそれがある。

地公法は、職員の身分を保障し政治からの中立性を規定しているが、現実には、地公法の外延で「事実行為」として職員に不利益が与えられている。「政策」に積極的にかかわる職員は、「政治」にも巻き込まれる可能性が高い。この論点は、政策法務が政策に中立的か否かという点で、政策法務のあり方にも関わる問題である。ただし、現行地方公務員制度を超え、新たな制度を設計するに際しては、政策法務は政策に中立でないとし、一般職職員が政策を扱うことは妥当でない、と考えることも可能である。職員が政治・政策に中立的であるというのは、行政の執行過程だけに当てはまることであり、政策づくりには百パーセント当てはまらない。むしろ、このようなフィクションの上に立った思考は、自治体の政策的裁量が拡大した分権時代には不適当であろう。したがって、今後は分権時代に適合するように自治体職員の政治的任用範囲の拡大を図り、職員の自治体間流動性を高める環境を整備するなど、職員の責任論の再構築が求められる（西村美香「公務員制度の改革」『制度』一六八頁もまた、このような方向を示唆しているように思われる。）。

(3)　行政組織法と政策法務

行政組織とその執行過程に関し、規制行政の領域では、すでに研究実績が積み重ねられつつある（たとえば、北村喜宣『行政執行過程と自治体』、同『環境政策法務の実践』、同『自治体環境行政法〔第二版〕』など一連の著作を参照）。これに対し、給付行政の領域では、研究の蓄積が少ないように思われる（もちろん、大橋洋一「給付行政の刷新―市民の立場に立った行政活動」、同『行政法学の構造的変革』第Ⅲ部といった例外も存する）。しかし、給付行政の領域でも、その取り消し・撤回などでは行政処分の効果は複合的であり、必ずしも住民（国民）に対して利益を与える作用だけではない。たとえば、第7章では生活保護の執行について取り上げたが、生活保護の廃止・変更をめぐっては、多くの取消訴訟が提起されているなど紛争が生じている。

生活保護では、水際作戦と称し、保護の相談の時点でなるべく申請を受け付けないような運用を行っている実施機関がある。これは、いったん保護してしまうと、保護の廃止・不利益変更には、当然のことながら一定の手続保障が及ぶため（生保法二七条、六二条）、これらの規定に基づく処分には保護の実施機関は慎重になる。このような面倒な事態になることを避けるために、保護の相談という事実行為の時点をとらえ、実施機関が法的な関係に入ることを拒む（場合によっては違法な）行為が水際作戦であるといえる。これらの結果、必要な者を保護しない漏給が生じるが、一方、こういった行政執行の裏側では、いったん保護してしまえば手続保障が悪用され、不必要な者を保護し続ける濫給もまた問題なのである。

これらの原因として、法律解釈の誤りや行政の怠慢に基づく不適切執行を指摘することは簡単である。しかし、このような事態を招来する大きな原因として、担当ケースワーカーの人数的アンバランスや面接体制の不備をあげることができる。ケースワーカーの配置は、社会福祉法で標準数が定められており（社福法一六条。地方分権一括法による改正以前は「基準数」（旧社会福祉事業法一五条））、この標準数自体の妥当性はさておくとしても、自治体による格差が大きい。これらの格差が、保護の漏給・濫給に影響を及ぼしている一因であると考えられる。このように、給付行政の領域でもその執行過程と組織体制に注目した研究が求められる。

もっとも、このようなケースワーカー配置上の格差と保護の漏給・濫給の程度は、毎年の定期監査によって、国には資料が集積されているものと思われる。これらの結果が住民（国民）に公表されていないだけである。政策法務論の今後の深化に向けた課題として、行政作用と行政組織との関連性の分析があげられるが、このためには、国・自治体を通じ、行政の透明性がいっそう高められる必要がある。

〔参考文献〕

○大橋洋一『行政法学の構造的変革』（有斐閣、一九九六年）
○木佐茂男／山口道昭共編『住民監査請求・住民訴訟―だれに責任があるのか』（公人社、一九九九年）

○北村喜宣『行政執行過程と自治体』（日本評論社、一九九七年）
○北村喜宣『環境政策法務の実践』（ぎょうせい、一九九九年）
○北村喜宣『自治体環境行政法〔第二版〕』（良書普及会、二〇〇一年）
○日本社会保障法学会編『社会福祉サービス法』講座／社会保障法三（法律文化社、二〇〇一年）
○平松毅『情報公開―各国制度のしくみと理論』（有斐閣、一九八三年）
○松下圭一・西尾勝・新藤宗幸編『制度』自治体の構想二（岩波書店、二〇〇二年）

▒資　料

一　川崎市都市憲章（条例）原案

川崎市都市憲章起草委員会

前文

わたくしたち川崎市民は、主権者としてともに力をあわせ、平和と民主主義を基調とする憲法を暮らしのなかに生かし、平和のうちに生存し、良好な環境のなかで健康で文化的な生活を営むことを求めすべての市民にゆきわたる福祉を追求し、互いに自由と人格を尊重しあう個性ある市民社会をつくり出すため、この都市憲章を制定する。

現代の都市は、物質文明の向上を背景として生活の利便を増大した反面、人間と自然の結びつきを破壊し、また人間同志の暖かい心のふれあいを奪い去りつつある。わたくしたちの新しい都市は、失われた自然をとりもどし、疎外された人間関係を再建し、真に人間らしい営みを享受できる共同生活の場となるべきである。そこでは、こどもは夢をもち、青年は希望に満ちあふれ、老人は生きがいを感じ、また心身障害者など恵まれない人にはいたわりがある、明るい人間生活の環境が確保されなければならない。

わたくしたちは、この川崎市を青空と緑のもとでともに働き、いこい、真に市民の心のふるさとと呼べるにふさわしい都市によみがえらせるため、人間と自然の融合をはかり、文化の香り豊かな風格と魅力をもち、ほのぼのとした市民の心がこだまする都市として創造していくことを決意し、ここに全市民の名において、川崎市を「人間都市」とすることを宣言する。

この都市憲章は、市民が市長、市議会議員等と一体となって、人間都市を実現するための規範である。この規範のもとで都市運営にあたる市政は、人間尊重を基本にし、市民の生活を最優先に志向するものでなければならない。

わたくしたち川崎市民は、この憲章の制定を契機に、世界に誇りうる市民世代連帯による協同事業として人間都市川崎の都市づくりに全力をあげ、新しい都市文明の創造にむかって前進することを誓う。

第一編　平和・市民主権・自治（都市存立の基礎要件）

第一章　都市の平和

（平和権）

第一条　わたくしたち市民は、正義と秩序を基調とする国際平和を希求し、平和のうちに生存する権利を有することを確認する。

（平和都市の建設）

第二条　わたくしたち市民は、あらゆる機会を通じて平和都市の創造と建設につとめる。戦争を目的とする施設、平和に反する施策は認めない。

（国際都市提携）

第三条　わたくしたち市民は、平和を愛するすべての国の都市および市民との相互交流と提携をはかり、平和に寄与するようつとめる。

第二章　市民主権自治

（市民主権）

第四条　わたくしたち市民は、川崎市の主権者であり、都市づくりの主体である。

二　わたくしたちは、この原則に基づき、つねに市民としての意識の高揚に心がけ、市政に対し積極的な関心をはらい、これに参加するようつとめる。

（自治権）

第五条　わたくしたち市民の自治権は、わたくしたちの基本的人権であり、かつ都市の自治権は、地方自治の本旨に基づく固有権である。

二　市民および市は、自治権を不当に侵害する行為に対して抵抗する権利を有する。

（自治権の確立・拡充）

第六条　わたくしたち市民は、自治権の確立・拡充につとめ、川崎市を名実ともに民主的な自治都市とする。

二　市民および市は、自治権の確立・拡充のため、つねに一体となって、かつ他の都市等と連携して、最大限の努力をはらわなければならない。

（主権者としての市民の権利）

第七条　わたくしたち市民は、次にかかげる権利、その他主権者としての権利を有することを確認する。

①選挙権および被選挙権
②直接請求権
③住民投票権
④住民監査請求権および住民訴訟権
⑤市の提供するサービスをひとしくうける権利
⑥市の施設をひとしく利用する権利
⑦市の財政状況を知る権利
⑧請願権
⑨陳情権

（知る権利）

第八条　わたくしたち市民は、川崎市の主権者として、つねに市政の実情を知る権利を有する。

二　市長、市議会議員その他市の公務員（以下「市長等」という。）は、つねに市民に対し、具体的な手段方法により、市政の実情を知らせなければならない。

三　市議会の会議、議事は、公開が原則である。市長は、市民にあらかじめその日時、議案等について知らせなければならない。

四　市長および市議会は、市の条例・規則集、予算書、決算書、議会の会議録、財政状況の報告書、公報、市勢概要、統計書、都市計画図書その他市政に関する資料について、公共の場所で市民が自由に閲覧できるようにするなど、最大限の便宜をはからなければならない。

（参加する権利）

第九条　わたくしたち市民は、川崎市の主権者として、市政に参加する権利を有する。

二　市長および市議会は、法令に定める審議会等のほか公聴会その他各種集会を開催するなど、市民が最大限に市政に参加できるよう配慮しなければならない。

三　市民主権と参加の原則に基づき、市政に関する調査・研究・審議等を行なう市民の会議を設置することができる。

四　市民は、有権者総数の三分の一以上の者の連署をもって市政上の問題につき、市長に、住民投票を行なうよう要求することができる。

（市民の義務）

第一〇条　わたくしたち市民は、普通教育の義務、勤労の義務、納税の義務および市から提供をうけるサービスに対して負担する義務等を、市民としての自覚のもとに、誠実に履行しなければならない。

（市民の責務）

第一一条　わたくしたち市民は、市民に保障された自由と権利の乱用をいましめ、権利の行使にあたっては、つねに市民全体の福祉を配慮しなければならない。

二　わたくしたち市民は、近隣相互、地域社会および全市の市民の利益を配慮しあいながら、快適な市民生活を営める都市づくりをすすめるようつとめなければならない。

三　わたくしたち市民は、共同生活の規律を守り、公共の場所または施設等を全市民の共用の財産として清潔に保持し、大切にあつかわなければならない。

四　わたくしたち市民は、相互の人格を尊重し、よき市民としての栄誉と誇りをもって行動するようつとめなければならない。

五　わたくしたち市民は、世界に窓をひらく川崎市の一員として、広い視野と良識をもって、国際的連帯の推進につとめなければならない。

（事業者の社会的責任）

第一二条　すべての事業者は、その事業活動により市民の健康・生活その他の良好な都市環境をおかすことのないよう、みずからの責任と負担において必要な措置を講じるとともに、市の施策および都市づくりに積極的に協力しなければならない。

（市外からの通勤・通学者等）

第一三条　川崎市外に居住し、市内に土地、建築物等を所有する者、市内に通勤・通学する者および市の公共の場所または施設を利用する者等は、法令に定める例外を除き、この憲章の適用をうける。

第二編　「人間都市」川崎の創造（都市づくりの基本構想）

第三章　川崎市の未来像

（未来の理想像）

第一四条　わたくしたち市民は、次のような「人間都市」川崎の未来の理想像を目標とし、個性ある「市民のふるさと」を創造する。

①すべての市民が、平和のうちに明るく生活できる「平和都市」

②自由な市民の積極的参加と協力に基づく、活気あふれる「自治都市」

③人間性豊かで、互いに自由と人格を尊重しあい、気楽な市民生活のできる「庶民都市」

④市民が生活水準の向上と地域社会の発展をめざし、いきいきとして働くことのできる「勤労都市」

⑤豊かな自然の恵みを享受し、安全で快適な生活の営める「環境都市」

⑥すべての市民の安定した生活と心身の健全を、暖かい連帯で築きあげる「福祉都市」

⑦歴史的な伝統と近代的な文化の調和した、個性とうるおいのある「文化都市」

⑧すべての都市機能の調和と均衡のとれた、世界に窓をひらく「総合都市」

（未来像実現への努力）

第一五条　わたくしたち市民は、総意と英知を結集して、未来の理想像の実現につとめる。

二　市は、市民の自主的な意欲と連帯に基づいて、生活優先の市政を実現するとともに、理想の人間都市をめざして最大限の努力をはらわなければならない。

三　市民および市は、この未来像実現の過程において、つねに真理と社会正義の理念に立脚し、市民全体の利益の増進をはからなければならない。

（川崎市のシンボル）

第一六条　わたくしたち市民は、「市民のふるさと」を象徴する市旗・市き章、植物および動物等を川崎市のシンボルとして定める。

第四章　市民の生活

（生活権）

第一七条　すべての市民は、住生活、勤労生活、消費生活およびレクリエーション等すべての生活の面において、人間性豊かな生活を営む権利を有する。

（住生活）

第一八条　すべての市民のために、健康で文化的な生活の営める住居が確保されなければならない。

二　住宅問題解決の第一次的責任は、国にある。市長および市議会は、国等に対して、できるかぎり大量の資金を市もしくは市民に提供し、また良質かつ低廉な住宅を供給することを要求し、それらを実現させるようつとめなければならない。

三　市長および事業者等は、生活環境の整備に充分な配慮をはらいつつ、住宅計画をすすめるようつとめなければならない。

（勤労生活）

第一九条　すべての勤労者のために、安全で快適な勤労条件と福祉施設が確保されなければならない。

二　事業者は、良好な労働環境の整備および勤労者の福祉を向上させるための各種施策について、充分な措置を講じなければならない。

三　市長等は、事業者が行なう前項の措置を促進するとともに、企業環境と体質の改善・近代化の促進、その他中小企業者の生活と経営を安定・向上させるための各種施策について、必要な措置を講じなければならない。

四　市長等は、農業基盤の整備をはじめ、農業者の生活と経営を安定・向上させるための各種施策について、必要な措置を講じなければならない。

（消費生活）

第二〇条　消費者の利益の擁護・増進のため、日常の消費生活の安定および向上が確保されなければならない。

二　事業者は、商品およびサービスの提供について、消費生活を不当にそこなわないよう、つねに適正な措置を講じなければならない。
三　市長および市議会は、消費生活の安定と消費者保護のため、流通機構の改善・公共料金の適正維持、事業者の監視等の措置に必要な権限の移譲その他を国等に要求するとともに、市民の協力をえるなどして、必要な施策の推進につとめなければならない。
四　わたくしたち市民は、みずからすすんで消費生活についての知識を深め、自主的・合理的に行動するとともに、消費生活の安定および向上のための施策に積極的に協力するようつとめる。
（レクリエーション）
第二一条　すべての市民のために、いきいきとした勤労生活と人間性の伸展に必要な休息および健全なレクリエーションの機会が確保されなければならない
二　市長等は、市民すべてが身近かなところで、つねに気軽に利用できるレクリエーション施設の整備と空地等の場の確保につとめなければならない。

第五章　市民の環境

（環境権）
第二二条　すべての市民は、生命・財産の安全と健康な心身を保持し、快適な生活を営むための良好な自然環境および生活環境を享受する権利を有する。
（環境の確保）
第二三条　良好な都市環境は、自然と人間活動との健全な調和のなかで、市民の健康で快適な生活を確保するものでなければならない。市長等、事業者および市民すべてがあらゆる力をつくしてその実現をはかり、これを将来の市民にひきつぐ責務を負う。
二　市長は、良好な環境の確保のため、都市環境を構成する人口の適正規模、空気、水、土壌等の諸条件についての科学的、合理的基準のもとに、基本的かつ総合的な施策を策定し、これを有効適切に実施するようつとめなければならない。
三　わたくしたち市民は、良好な環境保全に関する意識を高め、地域の良好な環境の確保につとめるとともに、市長その他の行政機関が実施する施策に協力する。
四　市民は、事業者が良好な環境をおかすおそれがあると認めた場合において、これを市長に通報し、善処を求めることができる。市長は、その必要を認めたとき、事業者に良好な環境をおかすことのないよう、事業者の責任と負担において、適切かつ必要な措置を命ずることができる。
（公害の防止）
第二四条　すべての市民は、良好な環境を脅かすあらゆる公害から解放された健全な生活を営む権利を有する。
二　わたくしたち市民は、総力をあげて公害を発生させないようつとめるとともに、きびしく公害を監視し、その防止・絶滅のため、あらゆる努力をはらう。
三　事業者は、その事業活動の結果生ずる公害によって、市民の健康と福祉を阻害しないよう、公害防止と被害者救済のた

め、万全の措置を講じなければならない。

四　市長等は、公害から市民を守るため、予防および規制に関するあらゆる施策手段を講じるとともに、近隣自治体とも協力して、公害の防止・絶滅をはかり、国等に対して公害対策の強化を要求し、その他必要な措置をとらなければならない。

五　市長は、公害についての情報、資料を市民に公表しなければならない。

（防災）

第二五条　すべての市民は、あらゆる自然災害および都市災害から守られなければならない。

二　市長は、あらゆる災害に備えて市民の安全を確保するため、すべての行政および計画の前提として、可能なかぎりの措置を優先的かつ積極的に講じるとともに、防災行政の総合的・一元的組織化をはからなければならない。

三　わたくしたち市民は、市長の行なう防災措置について積極的に協力するとともに、つねに地域社会の安全のために、災害の防止克服につとめる。

（交通環境）

第二六条　良好な交通環境は、人間尊重の見地にたって、交通諸機関のあり方について安全・円滑・快適性の確保をめざすものでなければならない。

二　市長および市議会は、良好な交通環境を確保するため、都市計画等の面においてつねに充分配慮するとともに、車その他の交通機関の通行規則等に必要な権限の委譲を国等に要求し、かつ関係行政機関とも協力して必要な条件整備につとめなければならない。

三　市長等は、交通事故の防止・絶滅、交通事故被害者の救急医療体制と救済対策の強化のため、関係方面との協力体制を確立するとともに、あらゆる可能な措置を講じなければならない。

四　わたくしたち市民は、交通の安全・円滑・快適性を確保するため、つねに交通道徳を守り、市長等とともにあらゆる努力をはらう。

（衛生環境）

第二七条　市長等は、良好な環境衛生の維持向上をはかるため、上水道の安定供給と全市普及、河川、下水道施設の完全整備および廃棄物の衛生処理等に万全の措置を講じなければならない。

二　わたくしたち市民は、前項の市長等が行なう措置について積極的に協力するとともに、みずからの土地、建築物、動物、樹木および廃棄物を適正に管理または処分し、その他良好な環境衛生の維持向上につとめる。

（日照権）

第二八条　すべての市民は、日照障害から守られなければならない。

二　長等および建築主等は、近隣市民の生活環境に支障をおよぼさないよう日照障害防止のため、必要な措置を講じるようつとめなければならない。

（自然の破壊防止と緑化）

第二九条　わたくしたち市民は、人間を含む動植物をめぐる自然の生態系および生育環境の破壊が、人間の生存にかかわることを充分認識し、人間らしく生きていくための不可欠の自然環境の保全と復元・育成についての意識を高め、緑豊かな都市の実現に全力をあげる。

二　市長等は、全市緑化、河川の整備等を推進するなど、自然環境の破壊防止のための規制措置および保全と復元・育成のための措置を講じるようつとめるとともに、その実現に必要な行政の総合的・一元的組織化をはからなければならない。

三　事業者は、前二項の市民および市長が行なう措置および施策について積極的に協力しなければならない。

（美観の保持）

第三〇条　市民および事業者は、風格と魅力あるふるさとづくりのため、市長の行なう施策に協力するとともに、市街地およびその周辺における景観を積極的に維持増進するようつとめなければならない。

二　市長等は、美観および風致を害する屋外広告物の表示掲出等の行為がなされないよう、つねに適切な措置を講じなければならない。

第六章　市民の福祉

（保健・福祉権）

第三一条　すべての市民は、保健および福祉のための積極的な配慮のもとに、健康で文化的な生活を営む権利を有する。

（保健・福祉の保障）

第三二条　すべての市民は、適切な保健サービスのもとで、疾病を予防するなどみずからの健康を維持するようつとめるとともに、必要に応じ完備した医療制度によりすぐれた医療サービスをうけ、また社会復帰のための措置がうけられるよう配慮されなければならない。

二　心身に障害のある市民および社会的に弱い立場にある市民は、明るい希望と生きがいのある日常生活を安心して営めるよう、積極的に配慮されなければならない。

三　前二項の保障に関する第一次的な責任は、国にある。市長および市議会は、国に対して積極的に保健・福祉制度等の充実改善を要求するとともに、関係行政機関および民間機関・事業者等と提携して、市民のしあわせを守る保健と福祉等について、必要かつ具体的な各種の措置を講じるようにつとめなければならない。

（児童・母子福祉）

第三三条　すべての児童は、よい環境のなかで充分な愛護と育成をとおして健康に育てられ、豊かな人格が形成されるようみちびかれる。母親の健康は、児童がすこやかに生育する基盤として保護されるとともに、とくに母子（父子）家庭については、その福祉が保障されなければならない。

二　市長等は、すべての乳児、幼児、児童、妊婦および母親が、無料で健康診断や必要な指導と措置をうけられるようにするなど、母子の健康が充分に保障されるようつとめなければならない。

三　市長等は、保育所、母子福祉センターなど、児童・母子福祉のための各種施設の整備拡充、その他必要な施策の推進につとめなければならない。

（老人福祉）

第三四条　すべての老人は、社会のなかで孤立化することなく、市民から大切にされ、明るく生きがいのある生活を保障されなければならない。
二　市長等は、老人の健康診断と医療の無料化の拡大、再就職の機会の拡大と職業あっせん、老人福祉センターなど老人のための各種施設の整備拡充、その他必要な施策の推進につとめなければならない。
三　市民および市長等は、ねたきり老人やひとりぐらし老人など、とくに恵まれない境遇にある老人に対して暖かい手をさしのべるようにつとめなければならない。

（心身障害者福祉）
第三五条　すべての心身障害者は、暖かいいたわりと深い理解によって、孤立と疎外および差別から守られるとともに、その生活が保障されなければならない。
二　市長等は、心身障害者が障害の程度に応じて、適正な公費負担のもとに充分な保護と治療をうけ、必要に応じて社会復帰のための能力回復がはかられ、教育および勤労の機会がえられるよう適切な措置を講じることにつとめなければならない。

（公害・難病被害者等の救済）
第三六条　市長および市議会は、公害・難病被害者および被爆者等が医療と生活の面ですみやかに充分に救済されるよう、適切な措置を国に要求するとともに、その他必要な施策を積極的に推進しなければならない。

（精神衛生・成人衛生）
第三七条　市長等は、市民の精神衛生および成人衛生を重視し、疾病の予防、早期発見、早期治療および社会復帰のため、公費負担の拡大をはかるなど、施設の整備、必要な施策の推進につとめなければならない。

（公衆衛生・地域医療）
第三八条　市長等は、公衆衛生の向上・増進のため、保健所機能の体系的充実をはかり、市民および地域の需要に適合した総合的・機能的保健サービスの充実につとめなければならない。
二　市長等は、市民すべてが健康保持に必要な医療サービスをうけられるよう、市立病院その他の医療機関相互の機能分担と協力関係を明らかにするとともに、医療の機能的・地域的体系化の推進につとめなければならない。

（医療保険制度）
第三九条　市長および市議会は、市民すべてが安心して充分な医療がうけられるよう、医療保険制度の改善充実を国に要求するとともに、医療関係者の協力を求め、給付内容の改善等、必要な施策の推進につとめなければならない。

（生活保護）
第四〇条　市長および市議会は、生活に困窮し保護を必要とする市民のために、生活保護の最適化を国に要求するとともに、生活の自立と安定を促進するよう適切な措置を講じなければならない。

第七章　市民の文化

（文化・教育権）
第四一条　すべての市民は、川崎市の歴史的伝統と近代的文化を統合した個性ある文化を創造し、かつ享受する権利を有する。

二　すべての市民は、その能力に応じて、ひとしく教育をうける機会を充分に保障される権利を有する。

（文化環境の保全）

第四二条　郷土の歴史的・伝統的環境、有形・無形の文化遺産その他の文化環境は、市民の文化創造の糧であり、将来の市民に大切につたえられなければならない。

二　すべての市民および事業者は、市長等とともに文化の保全措置を積極的に講じる責務を負う。

（創造的文化社会）

第四三条　わたくしたち市民は、つねに個人の人格、自由および権利を尊重しつつ、互いに文化創造のよろこびをわかちあい、人間味あふれる民主的地域文化を発展させるとともに、市民の連帯意識にささえられた風格と魅力をもつ文化的都市社会を創造するようにつとめる。

二　市長等は、市民すべてが日常のくらしのなかで、自由な個性ある文化を享受し、かつ創造発展させるために、市民相互の交流の場として文化施設、スポーツ・レクリエーション等の施設の整備拡充をはじめ、必要な各種条件の整備につとめなければならない。

（幼児教育）

第四四条　市長等は、幼児が心身とも健全で情操豊かな市民として成長するよう、保育所・幼稚園の整備拡充をはじめ、必要な施策の推進につとめなければならない。

（学校教育）

第四五条　市民は、学校教育をうけもつ教師とともに、あすをになう市民を教育する自由と責任を有する。

二　市長等は、すべての市民に一貫した学校教育がひとしくゆきわたるとともに教育行政が民主的に運営され、教育に必要な諸条件が整備されるよう、充分な措置を講じることにつとめなければならない。

三　義務教育については、無償の原則が、実質的に保障されなければならない。

（青少年施策）

第四六条　市長等は、青少年の創造的な人格の形成と自立的な市民意識醸成のため、自主的活動を促進する場の提供等、必要な施策を推進するとともに、青少年行政の総合的・機能的組織化をはかるようつとめなければならない。

（市民教育）

第四七条　すべての市民は、みずからの教養を高め、国際的視野をもって個性豊かな文化の創造に参加するため、自己教育の権利と義務を有する。

二　市民教育は、市民の多様な要求にこたえ、家庭、職場、地域社会その他の場であらゆる機会を通じて積極的に推進されなければならない。

三　市長等は、市民教育の積極的充実および各種文化活動の自主的展開に必要な施策の推進につとめなければならない。

第八章　都市の建設

（都市建設の原則）

第四八条　「人間都市」川崎の建設は、人間尊重と民主的平等の原則に立脚して、長期的観点から科学的・体系的な総合計画を樹立し、近隣自治体との広域協力および自治権の拡充をはかりつつ、先導的に実施していくものとする。

（都市建設の基本方針）
第四九条　川崎市の都市建設は、市域の狭長、横断交通による分断および工業機能の巨大集積等の立地的・機能的特性を考慮し、次の方針にそってすすめるものとする。
①住居、職場、レクリエーションおよび交通通信等の都市機能を人間中心に一体的システムとして再編し、健康・安全・利便・快適性および文化性のある地域的生活が営めるよう整備する。
②市民の地域的生活の基礎単位である区を中心とした地域完結機能の整備拡充をはかるとともに、全市的にみて有機的統合性をもつ一体的都市機能の強化充実をめざして計画する。
③川崎市をとりまく周辺との関連を考慮しつつ、中枢管理機能および国際的機能を積極的に発展させる。

（土地利用計画）
第五〇条　川崎市の土地利用計画は、都市建設の基本方針にしたがい、民主的手続きに基づき、人間と自然の融合をはかりつつ秩序ある発展を誘導するよう配慮されなければならない。
二　市長等は、できるかぎり緑地・空地を確保しつつ、各地域の条件に応じた土地利用の純化と効率化をはかるため、規制その他適切な措置を講じなければならない。

（総合計画の公表）
第五一条　市長は、都市建設の総合計画の内容とその目標実現のための具体的プログラムをつねに明らかにするようつとめなければならない。

（産業経済）
第五二条　市民生活の基盤としての産業経済の構造は、豊かで快適な市民生活の確保を前提とし、公害のない、しかも均整のとれた近代的なものとしなければならない。

（開発・再開発）
第五三条　市長等は、市街地の開発または再開発が、保全すべき自然環境と調和し、土地利用計画等に合致するよう適切な措置を講じなければならない。
二　開発または再開発の結果もたらされた開発利益は、公共的に還元されなければならない。
三　市長は、開発または再開発を行なう事業者等が市の定めた開発の基準にしたがい、かつ公共・公益施設等についての適正な負担をするよう指導しなければならない。

（市民施設）
第五四条　市長等は、市民相互の交流の活発化と生活向上のため、最適なコミュニティーの圏域のなかで市民が利用する福祉・文化・教育等の施設について、地域的かつ体系的な配置と整備が行なわれるようつとめなければならない。

（交通体系）
第五五条　市長等は、市民の日常生活および積極的な都市活動に必要な手段として、大衆交通機関、その他の交通施設が機能的・体系的に整備されるようつとめなければならない。
二　市長等は、市民生活における安全交通を確保するため、市民施設の整備と有機的に組合わせて歩行者道路等の整備が行なわれるようつとめなければならない。

三　市長および市議会は、市民のための総合的交通体系の整備強化にあたって、公営交通の役割と分担を位置づけるとともに、関係事業主体との提携を強め、さらに国等に対し交通行政権の大幅な移譲と新しい交通手段の開発を可能にする強力な財源措置を要求し、市民の足の確保と経営の健全化をはからなければならない。

第九章　市の役割と責務

（市長等の役割と責務）

第五六条　市長等は、つねに市民の意向を適切にとらえ、主権者としての市民が行なう都市づくりを、その総意にしたがって方向づけるとともに、これを積極的に推進し誘導すべき役割と責務を負う。

二　市長等は、市民全体の奉仕者としての意識に徹し、創意と情熱をもって、すべての市民のための民主的な市政の実現に総力をあげなければならない。

（行政機構の民主化・近代化）

第五七条　市長等は、市の行政機構が、市民からの多様な要求や建設的提案および各行政部局にまたがる問題等に、迅速かつ総合的に対応できるよう、つねに配慮しなければならない。

二　市長は、市民サービスの向上をはかるため、各区の特性に合致した行政を総合的に運営するようつとめなければならない。

（自治行財政権の確立）

第五八条　市長等は、自治行財政権を確立するため、市の行財政の状況について市民の理解を深めるとともに、市民等と一体となって、国と自治体の分担事務の明確化およびそれにともなう財源の再分配をはかるようつとめなければならない。

第三編　最高性・改正

第一〇章　改正

（憲章の改正）

第五九条　市長は、この憲章の改正について、有権者総数の三分の一以上の者の連署をもって住民投票を行なうよう要求があった場合は、市民の意見をきくため住民投票を行なう。

第一一章　最高条例

（憲章の最高性）

第六〇条　この憲章は、川崎市の最高条例であって、市長等および事業者等は、市民とともにこの憲章を尊重し擁護する義務を負う。

附則

この憲章は、昭和　年　月　日から施行する。

二　逗子市都市憲章条例（一試案）

逗子市都市憲章調査研究会

「逗子市都市憲章条例（一試案）」は、すでに条文体裁を成してはいるが、あくまで私ども研究会の調査研究結果の具体的発表形態にすぎないものであって、決して「逗子市都市憲章条例」の〈原案〉ではないことをお断りしておきたい。

前文

逗子市とその市民は、「青い海とみどり豊かな平和都市」という都市宣言を受けつぎ、「地球と人にやさしい市民自治都市」を形成し発展させることをめざして、この都市憲章を定める。

逗子市の市民は、この地球上の自然と人間を大切にする「地球市民」であることを自覚するとともに、次の世代の幸せを願いつつ、本憲章に基づく共生の人権と責務を全うしていくことに努める。

逗子市は、地球市民がそれぞれの立場で主体的に参画する市民自治を重んじ、市民自治を土台とする創造的な市政の展開によって、地球と人間に真の責任を果たす自立した地球市民・平和都市づくりを推進する。

この都市憲章は、日本国憲法の諸原理を、地球市民・平和都市づくりのために発展させたものであって、逗子市とその市民は本憲章に削ることによって、国の内外に対し、都市自治の職責を全うしていくことを誓う。

第一章　地球と人にやさしい市民自治都市

（逗子市の都市づくりの根本原理）

第一条　逗子市は、この地球上で人びとと野生生物が永遠に共生できることをめざし、主体的に、地球と人にやさしい市民自治都市を形成する。

（地球平和都市）

第二条　逗子市は、日本国憲法前文および第九条に則って国際平和を誠実に希求する、非核・非軍事の都市とする。

②逗子市は、地球上の平和を願う世界の都市との地域間海外交流を重んずるとともに、内外国人平等の市政に努める。

（市民自治都市）

第三条　逗子市は、市民の主権と人権を最大限に尊重し、市民自治を直接の土台としつつ市議会と市長に代表される民主的かつ創造的な市政を行う。

（グリーンデモクラシーの成果の普及）

第四条　逗子市は、市にかかわるすべての人と自然を大切にするような環境の形成をめざすグリーンデモクラシーを実現し、その成果を他の自治体および国ならびに世界に対して訴えていくこととする。

②逗子市は、グリーンデモクラシーにふさわしい市のシンボルとして、市旗・市き章・植物・動物などを定める。

（基礎自治体としての市）

第五条　逗子市は、住民に最も身近な地方政府である「基礎自治体」であり、その自覚をもって、その自治権と主体的責任とを全うすることをめざさなければならない。

第二章　地球市民

（地球市民宣言）

第六条　逗子市（以下「市」という。）は、市にかかわるすべての人を「地球市民」として遇し、それにふさわしい権利および責任を予定するものとする。

②市に在留する外国人は、地球市民にふさわしい権利と責任を、日本国民である市民と平等に有するものとする。

（地球市民の責務）

第七条　市における地球市民は、地球の自然環境に深く配慮した永遠の人間環境づくりをめざして協同することとする。

（障害をもつ市民の平等）

第八条　市において身体障害をはじめ人間生活に障害をもつ人々は、人にやさしい都市としての処遇をうける権利を保障されるとともに、市内の地球市民としての働きを等しく期待される。

第三章　市民主権と民主創造市政

（市民主権）

第九条　市に住所をもつ市民は、日本国憲法第九二条にいう「地方自治の本旨」に則り、市政の主権者であって、逗子の都市づくりの中核となる主体である。

②前項の主権者市民は、直接民主主義を重んじ、市政に主体的責任をもって参画する市民政治の確立をめざさなければならない。

（市民自治）

第一〇条　主権者市民ならびに市内で活動する生活者市民および事業者市民は、ともどもに市の都市づくりに参画し、市民自治の実現をめざすものとする。

②主権者市民、生活者市民および事業者市民ならびに第一三条にいう行政市民は、相互にそれぞれの立場を重んじつつ、ともに地球市民として、本憲章の原理の実現に向けて協同するよう努めなければならない。

（民主創造市政）

第一一条　市長および市議会は、市民自治を直接の土台とする市民の代表として、本憲章の原理を生かす民主的で創造的な市政を展開しなければならない。

（市政公開の組織）

第一二条　市は、市民自治を効率よく支えるため、市政の公開と市民参加を保障する躍動的な組織の編成に努めるものとする。

（行政市民）

第一三条　市に勤務する職員は、第一一条に基づく民主創造市政の実行に携わるとともに、主体的に市民自治に協力すべき者として、行政市民であることを自覚しなければならない。

（市の自治権の確立・拡充）

第一四条　市は、本憲章の原理を生かすべくその自治権の確立に努めるとともに、本憲章の原理に理解を求めつつ他の自治体および国に対し、自治権に基づく主張・要請・参加など必要な機能を行使していくものとする。

第四章　市民の人権と共生

（平和とアメニティのなかの生存権）

第一五条　逗子の市民は、地球市民として、平和でアメニティをもった環境のうちに生きる権利を有することを宣言する。

（市民自治権）

第一六条　市民は、それぞれの立場と場面において、市の都市づくりおよび市政に参画する自治権および参加権を有する。

②市民は、条例の定めるところにより、市政上の重要事項について、住民投票によって意見表明をする権利を保障される。

③主権者市民は、地方自治法等が定める各種の直接参政権を、本憲章の原理を生かすために活用しなければならない。

（情報への権利）

第一七条　市民は、条例により、市に情報公開または個人情報保護を請求する権利を保障される。

②市は、前項における市民の権利の保障とともに、市民生活に必要な情報提供に努めなければならない。

（環境形成権）

第一八条　逗子の市民は、地球市民として本憲章の原理を実現するため、市の総合的な環境形成に参画する権利を有し、それに相応する公共マナーを養うものとする。

（環境権）

第一九条　市に生活する市民は、市民自治に基づく市政により、自然景観をふくむ地球と人にやさしいアメニティをもった生活環境を享受する権利を保障される。

（居住権）

第二〇条　市民は、前条の環境権をともなう住居を保障されるものとする。

（レクリエーションの権利）

第二一条　市は、地球市民の貴重な権利として、青い海とみどり豊かな市の自然的および文化的環境を享受するレクリェーションの権利を保障する。

（消費者の権利）

第二二条　生活者市民は、市により消費者としての権利利害を保障されるとともに、自ら権利者として地域的に協同しなければならない。

（事業者の権利）

第二三条　事業者市民は、市内における事業活動が市の都市づくりの基盤をなしつつ発展しうることにかんがみ、本憲章の原理を生かす事業活動を展開する権利自由を保障される。

②市と事業者市民とは、地域発展のために公共的役割を分担し、その相乗効果を期するものとする。

（労働者の権利）

第二四条　労働者としての市民は、市内にある労使関係において、本憲章にいう人間らしい労働条件の確保・向上を求める権利を保障されなければならない。

②医療および福祉に携わる労働者の権利は、次条に定める市民の権利にかかわるところとして、重んじられる必要がある。

（保健と福祉への権利）

第二五条　市民は、市の地域計画により、健康で文化的な人間生活が営めるような保健・医療および福祉のサービスを保障される権利を有する。
②前項における市民の権利には、サービス内容を創造し事業運営に参加していく権利を含むものとする。
③高齢者福祉および障害者福祉においては、生活の自己決定をふまえた公的援助がなされるべきである。
（教育・学習への権利）
第二六条　市民は、市内外の学校教育を通して地球市民にふさわしい人間としての成長・発達を保障される権利をもつ。国際連合の「子どもの権利条約」に削った子どもの人権保障は、学校教育および家庭教育等の基本条件とならなければならない。
②市民は、その生涯を通じて、市内外で地球市民らしく学習する生涯学習権を行使する。
③前二項に対応して、市は積極的な教育条件整備に努めなければならない。
（市民文化権）
第二七条　市民は、市の貴重な自然と歴史にかかわる文化環境を享受し維持していく権利と責任を有する。
②市は、地球市民の平和自治都市にふさわしい行政の文化化をめざすものとする。
（公正な行政手続への権利）
第二八条　市民は、市行政が透明で公正な手続で行われることを支えるため、個人および集団として行政手続に参加する権利を有する。
②市は、前項に対応して、透明・公正で市民自治的な行政手続を確保する立法措置を整えなければならない。

第五章　逗子のまちづくり

（まちづくり総合計画）
第二九条　市は、地球と人にやさしい地球市民平和都市をめざす逗子市にふさわしい「まちづくり総合計画」を、次条以下に基づく諸計画の上位計画として持つものとする。
（環境管理計画）
第三〇条　市は、第一章の原理を実現するため、市内における自然的・都市的・文化的な環境の形成および管理について、市の自治権の行使として「環境管理計画」を策定・改定し実施していくものとする。
（環境利用計画と土地利用計画）
第三一条　市の環境を利用する事業活動については、事業計画の決定に先立って十分な環境アセスメントをともなうような「環境利用計画」が定められなければならない。
②市は、土地がかけがえのない地球資源として都市の基盤であることにかんがみ、市内の土地利用が第一章の原理ならびに前条および前項の計画に叶うように、各段階において土地利用計画を策定しなければならない。
（街づくり計画と交通計画）
第三二条　市は、地球市民都市にふさわしく、環境と資源を大切にしつつ都市の活性化をめざす街づくり計画および交通計画を推進していくものとする。

（市民施設）

第三三条　市民が利用する市民施設は、地球市民にとってその生活と自治の公的拠点であり、市民が主体的にその設営に参画するものでなければならない。

第六章　本憲章の地位および改正

（本憲章の地位）

第三四条　本憲章は、逗子市政にとっての基本原理を定めた条例（基本原理条例）であるという意味において、市のすべての自治立法等に対し、優先する法的地位を有する。

（本憲章の基本原理の解釈）

第三五条　本憲章が定める基本原理は、日本国憲法上の「地方自治の本旨」および現代社会の条理に則し、市および市民によって主体的に解釈されていくものとする。

（本憲章の基本原理の効果）

第三六条　本憲章が定める基本原理は、市におけるすべての立法および行政に生かされなければならない。

②前項の基本原理は、市にかかわる国等の法規の解釈・運用においても十分に生かされるものとする。

（本憲章の改正）

第三七条　本憲章の改正は、議会における条例の審議において、総議員の五分の四以上が出席しその三分の二以上の賛成を必要とし、かつ、主権者市民による所定の三分の一以上の連署をもって要求があったときは、同市民の住民投票において所定の三分の二以上の賛成投票によらなければならないものとする。

［文責：兼子仁］

三　横須賀市市民パブリック・コメント手続条例

平成一三年九月二〇日
条例第三一号

（目的）

第一条　この条例は、パブリック・コメント手続に関して必要な事項を定めることにより、市の市民への説明責任を果たすとともに、市民の市政への参画の促進を図り、もって公正で民主的な一層開かれた市政の推進に寄与することを目的とする。

（パブリック・コメント手続）

第二条　市の基本的な政策等の策定に当たり、当該策定しようとする政策等の趣旨、目的、内容等の必要な事項を広く公表し、公表したものに対する市民等からの意見及び情報（以下「意見等」という。）の提出を受け、市民等から提出された意見等の概要及び市民等から提出された意見に対する市の考え方等を公表する一連の手続をパブリック・コメント手続という。

（定義）

第三条　この条例において「実施機関」とは、市長、水道事業管理者、教育委員会、選挙管理委員会、公平委員会、監査委員、農業委員会及び固定資産評価審査委員会をいう。

二　この条例において「市民等」とは、次に掲げるものをいう。

(1)　本市の区域内に住所を有する者

(2)　本市の区域内に事務所又は事業所を有するもの

(3)　本市の区域内に存する事務所又は事業所に勤務する者

(4)　本市の区域内に存する学校に在学する者

(5)　本市に対して納税義務を有するもの

(6)　パブリック・コメント手続に係る事案に利害関係を有するもの

（対象）

第四条　パブリック・コメント手続の対象となる市の基本的な政策等（以下「政策等」という。）の策定は、次に掲げるものとする。

(1)　次に掲げる条例の制定又は改廃に係る案の策定

ア　市の基本的な制度を定める条例

イ　市民生活又は事業活動に直接かつ重大な影響を与える条例

ウ　市民等に義務を課し、又は権利を制限する条例（金銭徴収に関する条項を除く。）

(2)　市民生活又は事業活動に直接かつ重大な影響を与える規則（規程を含む。）又は指導要綱その他の行政指導の指針の制定又は改廃

(3)　総合計画等市の基本的政策を定める計画、個別行政分野における施策の基本方針その他基本的な事項を定める計画の策定又は改定

(4)　市の基本的な方向性等を定める憲章、宣言等の策定又は改定

(5)　条例中に当該条例の施行後一定期間を経過した時点で条例の見直しを行う旨を規定している場合において、見直しを行った結果、条例を改正しないこととする決定

（適用除外）

第五条　次に掲げる場合は、本条例の規定を適用しない。ただし、第一号に該当する場合は、その理由を次条第三項の規定により公表するものとし、迅速又は緊急を要することを理由としてパブリック・コメント手続を実施しない場合は、政策等の実施後に市民等の意見を聴くよう努めるものとする。

(1)　迅速若しくは緊急を要するもの又は軽微なもの

(2)　地方自治法（昭和二二年法律第六七号）第七四条第一項の規定による直接請求により議会提出するもの

（政策等の案の公表等）

第六条　実施機関は、政策等の策定をしようとするときは、当該政策等の策定の意思決定前に相当の期間を設けて、政策等の案を公表しなければならない。

二　実施機関は、前項の規定により政策等の案を公表するときは、併せて次に掲げる資料を公表するものとする。

(1)　政策等の案を作成した趣旨、目的及び背景

(2)　政策等の案を立案する際に整理した実施機関の考え方及び論点

(3)　市民等が当該政策等の案を理解するために必要な関連資料

三　前二項の規定による公表は、実施機関が指定する場所での閲覧及び配付、インターネットを利用した閲覧の方法等により行うものとする。

四　実施機関は、第二項各号に掲げる資料に対して、市民等から資料の追加を求められた場合において必要と認めるときは、速やかに当該資料を補正し、又は追加資料を作成するものとする。

（予告）

第七条　実施機関は、前条の規定により政策等の案及び同条第二項各号に掲げる資料（以下「政策等の案等」という。）を公表する前に、次に掲げる事項を広報紙への掲載及びインターネットを利用した閲覧の方法等により、当該パブリック・コメント手続の実施を予告するものとする。

(1)　政策等の案の名称

(2)　政策等の案に対する意見等の提出期間

(3)　政策等の案等の入手方法

（意見等の提出）

第八条　実施機関は、政策等の案等の公表の日から二〇日間以上の期間を設けて、政策等の案等についての意見等の提出を受けなければならない。この場合において、意見等の提出期間の満了の日は、前条の規定に基づく予告の日から三〇日以後としなければならない。

二　前項に規定する意見等の提出の方法は、次に掲げるとおりとする。

(1)　実施機関が指定する場所への書面の提出

(2)　郵便

(3)　ファクシミリ

(4)　電子メール

(5)　その他実施機関が必要と認める方法

三　意見等を提出しようとする市民等は、原則として住所、氏名その他規則で定める事項を明らかにしなければならない。

（意思決定に当たっての意見等の考慮）
第九条　実施機関は、前条の規定により提出された意見等を考慮して、政策等の策定の意思決定を行うものとする。
二　実施機関は、政策等の策定の意思決定を行ったときは、提出された意見等の概要及び提出された意見に対する実施機関の考え方並びに政策等の案を修正したときはその修正内容を公表しなければならない。ただし、情報公開条例（平成一三年横須賀市条例第四号）第七条に規定する非公開情報に該当するものは除く。
三　第六条第三項の規定は、前項の規定による公表の方法について準用する。
（意思決定過程の特例）
第一〇条　実施機関は、地方自治法第一三八条の四第三項の規定に基づき設置する審議会その他の附属機関及び実施機関が設置するこれに準ずる機関が、第六条から前条までの規定に準じた手続（以下「条例に準じた手続」という。）を経て策定した報告、答申等に基づき、政策等の策定を行うときは、パブリック・コメント手続を行わないで政策等の策定の意思決定をすることができる。
二　法令により、縦覧等の手続が義務づけられている政策等の策定にあっては、この条例と同等の効果を有すると認められる範囲内において、この条例の手続を行ったものとみなし、その他必要な手続のみを行うことで足りるものとする。
（構想又は検討の段階のパブリック・コメント手続）

第一一条　実施機関は、特に重要な政策等の策定に当たって広く市民等の意見等を反映させる必要があると認めるものについては、構想又は検討の段階で、条例に準じた手続を行うよう努めるものとする。

（パブリック・コメント手続実施責任者）

第一二条　実施機関は、パブリック・コメント手続の適正な実施を確保するため、パブリック・コメント手続実施責任者を置くものとする。

（一覧表の作成等）

第一三条　市長は、パブリック・コメント手続を行っている案件の一覧表を作成し、インターネットを利用した閲覧の方法等により常時市民等に情報提供するものとする。

（行政手続審議会への報告）

第一四条　市長は、毎年一回、各実施機関におけるパブリック・コメント手続の実施状況を取りまとめ、行政手続条例（平成八年横須賀市条例第三号）第三八条に規定する行政手続審議会に報告するものとする。

（その他の事項）

第一五条　この条例の施行について必要な事項は、実施機関が定める。

附則
（施行期日）
一　この条例は、平成一四年四月一日から施行する。
（経過規定）
二　この条例施行の日以降に実施される政策等の策定については、この条例の施行前であっても、条例に準じた手続を実施するよう努めるものとする。

（見直し規定）

三　この条例は、その運用状況、実施効果等を勘案し、第一条に規定する目的の達成状況を評価した上で、この条例施行の日以後五年以内に見直しを行うものとする。

政策法学ライブラリイ　刊行にあたって　2001年6月

世の中は構造改革の時代である。われわれは既存の発想を変え、制度を変えて、未知の課題に新しく挑戦しなければ沈没してしまう時代になった。法律の世界では、法制度を塗り替える政策法学の時代が来たのである。

わたくしは、かねて解釈学だけではなく、こうした政策法学を提唱して、種々提言を試みてきた。日本列島「法」改造論のつもりである。往々にして、変人とか言われても、「変革の人」のつもりであったし、「時期尚早」と言われても、死後ではなく、生きているうちに理解して貰えるという信念で頑張ってきたが、ようやく認知される時代がきたと感じているところである。

このたび、信山社では、これをさらに推進すべく、「政策法学ライブラリイ」を発刊することになった。商業出版の世界ではたしてどこまで成功するかという不安はつきないが、時代の先端を行くものとして、是非ともその成功を祈りたい。このライブラリイを舞台に、多くの法律学研究者がその仕事の比重を解釈論から政策論に移行させ、実務家も、同様に立法論的な解決策を理論的な基盤のもとに提唱し、実現することが期待される。

政策法学ライブラリイ編集顧問
神戸大学大学院法学研究科教授　阿部泰隆

「このような世の中になればいい」と、人は、考えることがある。そうした想いが、集まり、議論され、ひとつの政策が形成される。それを実現するための社会の重要な手段が、法律である。

法律は、真空状態のなかで生成するものではない。社会の動きに反応し、既存法を否定・補完・改革し、新たな発想を包み込み、試行錯誤を繰り返しながら、生まれ、そして、育っていくのである。

地方分権や規制改革の流れは、社会の変革を、思いのほか速くに進めることだろう。それを十分に受け止めて対応する法学がなければ、新世紀の法治主義社会の実現はありえない。実定法の後を追うだけの視野の狭い法学では、荷が重い。今こそ、合理的な政策とそれを実現するための制度を正面から研究対象とする法学が、求められている。

「政策法学ライブラリイ」は、新たな志向を持つ研究者・実務家に門戸を開く。確立した学問的成果があるわけではない。方法論も定まっていない。このライブラリイから発信された議論が、学界や実務界での健全な批判のもとに成長をし、微力であるかもしれないが、社会の発展のためのひとつの確実な力となることを期待したい。

政策法学ライブラリイ編集顧問
上智大学法学部教授　北村喜宣

政策法学ライブラリイ　5
政策法務入門
初版第1刷発行　2002年6月30日
著　者　山口道昭
発行者　袖　山　貴=村岡侖衛
発行所　信山社出版株式会社
〒113-0033　東京都文京区本郷6-2-9-102
TEL03-3818-1019　FAX03-3818-0344

印刷・製本　エーヴィスシステムズ
ISBN　4-7972-5284-7-C3332　　装幀　アトリエ 風